Sylvia Glatzer

Zur Bedeutung von "Achtsamkeit" für das Stressmanagement

Sylvia Glatzer

Zur Bedeutung von "Achtsamkeit" für das Stressmanagement

Krisen-Kompetenzen fördern & Resilienz stärken

Trainerverlag

Impressum / Imprint
Bibliografische Information der Deutschen Nationalbibliothek: Die Deutsche Nationalbibliothek verzeichnet diese Publikation in der Deutschen Nationalbibliografie; detaillierte bibliografische Daten sind im Internet über http://dnb.d-nb.de abrufbar.

Bibliographic information published by the Deutsche Nationalbibliothek: The Deutsche Nationalbibliothek lists this publication in the Deutsche Nationalbibliografie; detailed bibliographic data are available in the Internet at http://dnb.d-nb.de.

Coverbild / Cover image: www.ingimage.com

Verlag / Publisher:
Der Trainerverlag
ist ein Imprint der / is a trademark of
OmniScriptum GmbH & Co. KG
Heinrich-Böcking-Str. 6-8, 66121 Saarbrücken, Deutschland / Germany
Email: info@verlag-trainer.de

Herstellung: siehe letzte Seite /
Printed at: see last page
ISBN: 978-3-8417-5085-3

Inhaltsverzeichnis

Vorwort

Die vorliegende Arbeit von Sylvia Glatzer geht den Möglichkeiten und Voraussetzungen einer ressourcenorientierten Verhaltens-Prävention zur gesundheitsschonenden Bewältigung der Ursachen und Beanspruchungsfolgen von arbeitsbedingtem Stress nach. Das zugrunde liegende Paradigma der personenbezogenen Verhaltens-Prävention, das auf die Förderung und Stärkung der Ressourcen und Kapazitäten der Individuen zur gesundheitsschonenden Verarbeitung und Bewältigung arbeitsbedingter Stressoren abzielt, stellt eine wichtige Ergänzung der bedingungsbezogenen Verhältnis-Prävention dar, die im Rahmen des betrieblichen Arbeits- und Gesundheitsschutzes auf eine Vermeidung und Verringerung der mit der Arbeit verbundenen Belastungen abhebt.

Sylvia Glatzer beschäftigt sich in dieser Arbeit mit einem spezifischen Aspekt des individuumbezogenen „*Stress-Managements*", der aktuell unter dem Stichwort der „*Achtsamkeit*" in Wissenschaft und Praxis zunehmend Beachtung gefunden hat. Der Diskurs über den Begriff der „*Achtsamkeit*" leidet allerdings im Allgemeinen etwas darunter, dass man damit vielfach recht unterschiedliche Vorstellungen verbindet. Die Verfasserin vermittelt in ihrer Arbeit einen Überblick über die verschiedenen Bedeutungsinhalte, die dem Begriff der „Achtsamkeit" in den unterschiedlichen wissenschaftlichen und praxisrelevanten Diskursen unterlegt werden. Auf diese Weise verschafft sie den Lesenden eine Orientierung in dem „Begriffs-Dschungel", der um diesen Begriff im Laufe der Zeit „gewuchert" ist.

Sylvia Glatzer gibt zunächst einen kurzgefassten und gut verständlichen, informativen Überblick über die wichtigsten wissenschaftlichen Theorien zur Erklärung der Entstehung und Wirkung von „*Stress*" in der Arbeitswelt. Im Mittelpunkt ihrer Arbeit stehen dann die unterschiedlichen Konzepte von „*Achtsamkeit*", die aus verschiedenen wissenschaftlichen Disziplinen stammen.

In Form einer Synthese der verschiedenen Ansätze kommt die Verfasserin schließlich zu einem Verständnis von „*Achtsamkeit*“, das viele Facetten unterschiedlicher Theorien in sich vereinigt und das eine Grundlage für das „*Stress-Management*“ abgeben kann. Dabei werden gezielt die Bedeutung und die Möglichkeiten einer Thematisierung von „*Achtsamkeit*“ für die Wahrnehmung, Verarbeitung und gesundheitsschonende Bewältigung möglicher Stressquellen herausgearbeitet. Am Schluss ihrer Arbeit skizziert die Verfasserin die organisations- und die individuumbezogenen Dimensionen sowie die verschiedenen personenzentrierten Ansatzpunkte eines so verstandenen „Stress-Managements“.

Der kompakten und informativen Arbeit ist eine weite Verbreitung, und der Verfasserin ist viel Erfolg bei der Umsetzung ihrer Überlegungen zu wünschen.

Prof. Dr. Alfred Oppolzer (Universität Hamburg)

Einleitung

Zwei Fünftel der Bundesbürger fühlen sich laut Umfragen von der Arbeit überfordert und gestresst (Stressreport 2012). Die Weltgesundheitsorganisation (WHO) definiert Stress als eine der größten Gesundheitsgefahren des 21. Jahrhunderts. Seine medizinischen Folgen betreffen den Körper ebenso wie den Geist. Gerd Kaluza, ein anerkannter Experte auf dem Feld der Stressbewältigung, erklärt aktuelles Stressgeschehen an einem einfachen Rahmenkonzept, nämlich der sogenannten Stress-Ampel. Mit ihr verdeutlicht er, dass sich grundsätzlich drei Aspekte hinsichtlich des Phänomens Stress unterscheiden lassen:

1. Die äußeren belastenden Bedingungen und Situationen, die Stressoren genannt werden.
2. Die körperlichen und psychischen Antworten des Organismus auf diese Belastungen, die als Stressreaktion bezeichnet werden.
Und 3. Die individuellen Motive, Einstellungen und Bewertungen, mit denen das Individuum an die potenziell belastenden Situationen herangeht und die häufig mitentscheidend sind dafür, ob und wie heftig Stressreaktionen in einer konkreten Situation auftreten (Kaluza 2012).

Diese persönlichen Motive, Einstellungen und Bewertungen stellen gewissermaßen die Bindeglieder zwischen den äußeren Belastungssituationen (den Stressoren) und den Stressreaktionen dar. Deswegen werden diese auch als die persönlichen Stressverstärker bezeichnet. Der Schwerpunkt in dieser Arbeit wird sich anhand der Achtsamkeit mit dem persönlichen und individuellen Bindeglied zwischen Auslöser und Reaktion befassen. Dabei wird die Frage behandelt, wie Achtsamkeit als Instrument der Selbstforschung das Individuum dabei unterstützen kann, Stress zu reduzieren und Gesundheit zu fördern.

In der Arbeit geht es daher zunächst um die Klärung des Begriffes "Stress" und um die Vorstellung der wichtigsten soziologischen Modelle zu Entstehung und ihrer Wirkungsweise. Nach Stress wird "Achtsamkeit" ausführlich thematisiert, und es wird eine Präzisierung dieses Begriffs aus der Perspektive philosophischer, psychologischer und soziologischer Modellvorstellungen vorgenommen. Der dritte Abschnitt befasst sich mit der Frage der Prävention von arbeitsbedingtem Stress („Stressmanagement“) und es werden die im ersten und zweiten Teil dargestellten Erläuterungen in Hinblick auf die Stressprävention miteinander verbunden. Dabei wird neben der *Verhältnisprävention* (Verbesserung der Arbeitsbedingungen von Seiten der Organisation), vor allem die *Verhaltensprävention* (Stärkung der Bewältigungsstrategien auf Seite der Beschäftigten) in Bezug der Bedeutung von Achtsamkeit thematisiert und die Förderung von persönlichen Ressourcen beschrieben, mit deren Hilfe die Betroffenen die Belastungen und Beanspruchungen aus der Arbeitswelt im Gesamtzusammenhang mehr oder weniger gut im Hinblick auf gesundheitliche Beeinträchtigungen zu bewältigen vermögen.

1 Historische Entwicklung der Stress – Forschung

Bis zur Gegenwart existiert keine allgemein akzeptierte Definition für *Stress,* wenn gleich sich in der Arbeitspsychologie inzwischen ein bestimmtes Verständnis von Stress herausgebildet hat. Die Entstehung ist geprägt von vielfältigen Beschreibungen und ist heute in unsere Umgangssprache eingegangen. Charles Darwin (1809-1882) wird als der erste Stressforscher betrachtet, da er erkannte, dass Lebewesen, denen es nicht gelingt, ihr Verhalten an veränderte Bedingungen anzupassen, früher oder später aussterben werden (Hüther 2011: 28). Im medizinischen Rahmen wurde der Begriff Stress als erstes von Walter Bradford Cannon (1871-1945) verwendet. Er baute auf dem Gedanken von Claude Bernard (1813-1878) auf, dass ein Organismus ein bestimmtes internes Milieu durch Gegenregulationsmechanismen aufrecht zu erhalten versucht (Hüther 2011: 28).

Für diese Aufrechterhaltung des inneren Milieus prägte Cannon den Begriff der Homöostase (Aufrechterhaltung des Gleichgewichtes durch innere Prozesse eines dynamischen Systems). Auf ihn geht auch die Auffassung der Stressreaktion als „Fight-or-Flight-Response“ (Kampf oder Flucht) zurück. Außerdem hob er schon damals die Bedeutung des sympathischen Nervensystems hervor und erkannte, dass Katecholamine (Hormone, die eine anregende Wirkung auf das Herz-Kreislaufsystem haben) wesentlich an dieser Stressreaktion beteiligt sind
(Hüther 2011: 28).

Vor 50 Jahren war *Stress* ein kaum geläufiger Begriff. Allenfalls einige Wissenschaftler benutzten ihn und bezeichneten damit mechanische Belastungen, die auf feste Körper einwirken und diese verformen. In den 1940iger Jahren führte der österreichisch-kanadische Arzt und Biochemiker Hans Selye (1907-1982) den Stressbegriff in die Medizin ein. Er bezeichnete damit die Auswirkungen von Belastungen auf lebende Körper (Selye 1988).

Forschungsarbeiten zeigten, dass unterschiedlichste körperliche und seelische Belastungen zu charakteristischen körperlichen Veränderungen führen, die, wenn sie über längere Zeit andauern, eine ernste Bedrohung für die Gesundheit darstellen können. Die Arbeiten von Hans Selye konzentrierten sich auf die Hormone von Hypophysenvorderlappen und Nebennierenrinde. Er beschrieb als erster die zentrale Funktion der Glukokortikoide bei der Stressantwort (Selye 1988: 74/75).

Weiterhin unterschied er zwischen „krank machendem“ und „gesund erhaltendem“ Stress und prägte die Begriffe „Dysstress“ und „Eustress“ (Selye 1988: 18). Bis in die 1960iger Jahre hinein wurde die Stressreaktion als ein rein somatisches Geschehen betrachtet.

2 Stresszustände – Ursachen und Wirkungsweisen

Im Unterschied zum weiten Bedeutungsfeld von „*Stress*“, mit dem dieser Begriff in der Alltagssprache für recht unterschiedliche Sachverhalte gebraucht wird (vgl. hierzu und zum Folgenden: Oppolzer 2010: 107 f.), wird in der Arbeitswissenschaft unter Stress ein Zustand anhaltender und angstbetonter, erregter und unangenehmer Gespanntheit verstanden, der sich durch psychische Überaktivierung und subjektiv empfundene Bedrohung auszeichnet. Er zeichnet sich in überhastetem Tempo, fahrigen Bewegungen und übermäßigem Kraftaufwand bei der Arbeit aus.

Der Stresszustand wird nicht nur von den Betroffenen subjektiv als ängstlich-erregter Anspannungszustand erlebt, sondern die damit verbundenen Reaktionen des Organismus lassen sich anhand einer ganzen Reihe von Körperfunktionen objektiv messen, denn im Stresszustand verändern sich z.B. Pulsfrequenz und Blutdruck, Atmung und Sauerstoffaufnahme, Zucker- und Fettkonzentration im Blut, Adrenalin, Noradrenalin- und Cortisolspiegel, Magen- und Darmaktivität sowie die Durchblutung der Haut. Stress ist keineswegs in erster Linie ein individuelles Problem, sondern vielmehr die Reaktion des Individuums auf Überforderung und emotionale Anspannung bei der Arbeit; es lassen sich objektive Risikofaktoren für typischerweise stresshaltige Arbeitsbedingungen angeben (vgl. hierzu und zum Folgenden: Oppolzer 2010: 110 f.).

Als stressauslösende Faktoren (Stressoren) sind in der Arbeitswelt neben belastenden Umgebungseinflüssen (z.B. Lärm, Schwingungen, Klima, Gefahrsituationen) vor allem psychische Belastungen aufgrund von Überforderung des Leistungsvermögens, widersprüchlichen Anforderungen, unklaren Beschäftigungsverhältnissen (z.B. Zeitarbeit) und sozialen Konflikten von Bedeutung.

Stresszustände entstehen als Folge der (inneren) Auseinandersetzung der Betroffenen mit (äußeren) Stressoren unter bestimmten (sozialen) Bedingungen. Sie sind nicht durch einfache, schematische Ursache-Wirkungs-Zusammenhänge zu erklären. Zunächst wird eine berufliche Anforderung wahrgenommen, z.B. ein Pensum, das sehr groß ist bzw. in einer knappen Zeit zu bewältigen ist (quantitative Überforderung) oder eine Aufgabe, welche die zur Verfügung stehenden Kenntnisse und Fähigkeiten übersteigt (qualitative Überforderung). Diese Anforderungen werden mit den zur Verfügung stehenden sachlichen, zeitlichen und persönlichen Ressourcen verglichen, wobei geprüft wird, ob die Aufgabe "zu schaffen" ist. Fällt die Bilanz von Anforderungen und Ressourcen negativ aus, nimmt der Betroffene also gedanklich vorweg, dass er der Anforderung nicht gerecht werden kann und befürchtet deshalb negative Sanktionen (z.B. Einkommenseinbußen, Arbeitsplatzverlust, berufliche Nachteile). Dann sind die beiden Grundvoraussetzungen dafür geschaffen, dass es zu einer Stressreaktion kommt (Oppolzer 2010: 110).

Je gravierender die befürchteten negativen Sanktionen sind und je weniger Möglichkeiten der Betroffene sieht, dieser Zwangslage zu entkommen (z.B. durch Ablehnung der überhöhten Anforderungen, Verlangen nach mehr Ressourcen, Mobilisierung von Unterstützung durch andere), umso wahrscheinlicher und um so gravierender wird der anschließende Stresszustand ausfallen (vgl. hierzu und zum Folgenden: Oppolzer 2010: 108). Der Stresszustand ist dann das Ergebnis einer vom Willen unbeeinflusst, stereotyp ablaufenden Stressreaktion, die über das Nervensystem und durch hormonelle Botenstoffe im Organismus augenblicklich auf der einen Seite die Mobilisierung körperlicher Leistungsfähigkeit und auf der anderen Seite die Drosselung körpereigener Erholungs- und Schutzmechanismen herbeiführt.

So hilfreich die Stressreaktion zur Bewältigung plötzlich auftretender Anforderungen in Ausnahmesituationen sind, so belastend wirkt sie sich aus, wenn auf die Phase höchster Mobilisierung nicht eine Periode verlängerter Erholung folgt, sondern der Stresszustand andauert.

3 Soziologische Modelle von Stress-Entwicklung in der Arbeitswelt

3. 1 Lazarus: Transaktionales-Modell

Nach dem Stressmodell von Lazarus (Lazarus 1984) liegt der Grund unterschiedlicher Stressreaktionen der Menschen in ihren jeweils individuellen Bewertungsprozessen. Dieses Modell sieht Stresssituationen als komplexe Wechselwirkungsprozesse zwischen den Anforderungen der Situation und der handelnden Person. Lazarus geht davon aus, dass nicht die (objektive) Beschaffenheit der Reize oder Situationen für die Stressreaktion von Bedeutung sind, sondern deren (subjektive) Bewertung durch den Betroffenen (Bamberg 2003: 40-45).

So können psychische Anforderungssituationen im Beruf als positiv, unwichtig oder potenziell gefährlich (stressend) bewertet werden. Menschen prüfen in einer für sie bedrohlichen oder überfordernden Situation dann in einem zweiten Schritt, ob sie diese mit ihren verfügbaren Ressourcen bewältigen können. Nur wenn die Ressourcen nicht ausreichend sind, wird eine Stressreaktion ausgelöst. Stressoren und Ressourcen beeinflussen sich in der Bewertung und Bewältigung gegenseitig. Somit liegt ein transaktionaler Prozess vor (Bamberg 2003: 42). Lazerus unterscheidet drei Stufen der Bewertung (Vgl. hierzu und zum Folgenden: BGW-Stresskonzept /2012: 10-11).

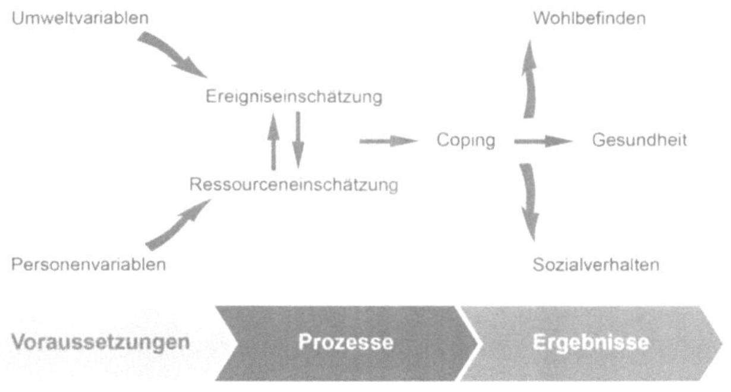

Abb. 1 Bewertungs- und Bewältigungs- Modell/Quelle:Sylvia Glatzer

1. Primäre Bewertung (Primary Appraisal)

Situationen können nach Lazarus als positiv, irrelevant oder potenziell gefährlich (stressend) bewertet werden. Wenn eine Situation als stressend erlebt wird, kann diese Bewertung in drei verschiedenen Abstufungen erfolgen: als Herausforderung (*challenge*), als Bedrohung (*threat*) oder als Schädigung/Verlust (*harm/loss*).

2. Sekundäre Bewertung (Secondary Appraisal)

In der Sekundärbewertung wird überprüft, ob die Situation mit den verfügbaren Ressourcen bewältigt werden kann. Nur wenn die Ressourcen als nicht ausreichend bewertet werden, wird eine Stressreaktion ausgelöst. Es wird eine Bewältigungsstrategie entworfen, die abhängig von der Situation und von Persönlichkeitseigenschaften und kognitiven Strukturen der Person ist.

3. Neubewertung (Reappraisal)

Im dritten Schritt wird der Erfolg der Bewältigungsstrategie bewertet, um eine dynamische Anpassung an die neue Situation zu gewährleisten. Lernt ein Stresspatient, wie er mit einer Bedrohung (primäre Bewertung der Situation) umgehen kann, stellt sie nun eventuell nur noch eine Herausforderung dar. Ebenso kann eine Herausforderung zur Bedrohung werden, wenn keine angemessene Bewältigung durchführbar ist. Diese Möglichkeit der Veränderung der Erstbewertung bezeichnet Lazarus als „Reappraisal“ (Neubewertung). Dieser Umgang mit einer Bedrohung wird *Coping* genannt. Mögliche Verhaltensweisen sind z. B. Aggression oder Flucht, Verhaltensalternativen, Änderung der Bedingungen oder Verleugnung der Situation.

Über Erfolgs- oder Misserfolgsrückmeldungen lernt die Person mit der Zeit, Bewältigungsstrategien selektiv einzusetzen. Lazerus unterscheidet drei Arten der Stressbewältigung (Copings). Das problemorientierte, das emotionsregulierende und das bewertungsorientierte Coping (BGW-Stresskonzept 2012: 10-11;)

A. Problemorientiertes Coping

Darunter wird verstanden, dass das Individuum versucht, durch Informationssuche, direkte Handlungen oder auch durch Unterlassen von Handlungen Problemsituationen zu überwinden oder sich den Gegebenheiten anzupassen. Diese Bewältigungsstrategie bezieht sich auf die Ebene der Situation bzw. des Reizes.

B. Emotionsorientiertes Coping

Das emotionsorientierte Coping wird auch „intrapsychisches Coping" genannt. Hierbei wird in erster Linie versucht, die durch die Situation entstandene emotionale Erregung abzubauen sowie positive Gefühle aufzubauen[1]

C. Bewertungsorientiertes Coping

Lazarus verwendet den Begriff reappraisal (Neubewertung) in zwei Zusammenhängen. Zum einen bezüglich des Bewertungsprozesses, wie oben erwähnt. Zum anderen ist die Neubewertung einer Stresssituation gleichzeitig eine Coping-Strategie.

Das Hauptziel beim bewertungsorientierten Coping liegt darin, eine Belastung eher als Herausforderung zu sehen, weil so ein Lebensumstand positiv bewertet wird und dadurch Ressourcen frei werden, um angemessen zu reagieren. Dies kann nur gelingen, wenn konkrete Problemlösungsansätze gefunden werden[2]

Lazarus betont in seinem Modell die wechselseitige Beeinflussung von Individuum und Umwelt (Transaktion), die sich ständig verändert. Wie schwer einem Menschen etwas belastet, hängt davon ab, wie schwer er die Belastung empfindet und welche Ressourcen ihm zur Verfügung stehen, um sie zu bewältigen.

[1] http://www.coaching-zone.net/verhalten/verhalten_stressbewaeltigen (Zugriff 10.10. 2013)
[2] http://de.wikipedia.org/wiki/Stressmodell_von_Lazarus (Zugriff 10. 10. 2013)

Kritisch ist anzumerken, dass die Annahme dieser komplexen psychischen und dynamischen Prozesse zwar ein Vorteil gegenüber dem relativ einfachen Modell von Selye ist, sie verhindert aber auch, das Modell in seiner Gesamtheit zu untersuchen und empirisch zu überprüfen. Die subjektive Bedeutung des Einzelnen wird dabei zu sehr in der Vordergrund gestellt und durch diese individuelle Sicht die objektiven Stressauslöser in Frage gestellt (BGW-Stresskonzept 2012: 10-11 - vgl. Greif, 1991; Brief & George, 1995).

3. 2 Karasek: Anforderungs-Kontroll-Modell

Das Anforderungs-Kontroll-Modell (*eng. Demand-Control-Model*) wurde von dem Soziologen Robert Karasek in den 1970er Jahren entwickelt (Karasek, Theorell 1990). Karasek geht von einem Wirkungszusammenhang zwischen der Höhe der Arbeitsanforderungen und dem Ausmaß der Kontrolle aus. Hohe Arbeitsanforderungen, in erster Linie handelt es sich um hohe psychische Belastungen, bei einer Arbeit mit geringen Kontrollmöglichkeiten (also wenig Handlungs- und Entscheidungsspielräumen) führen zu Stress. Dagegen werden hohe Anforderungen unter den Bedingungen hoher Kontrolle eher als positive Herausforderung und Entwicklungs- und Lernmöglichkeit erlebt (Aust 1999: 80).

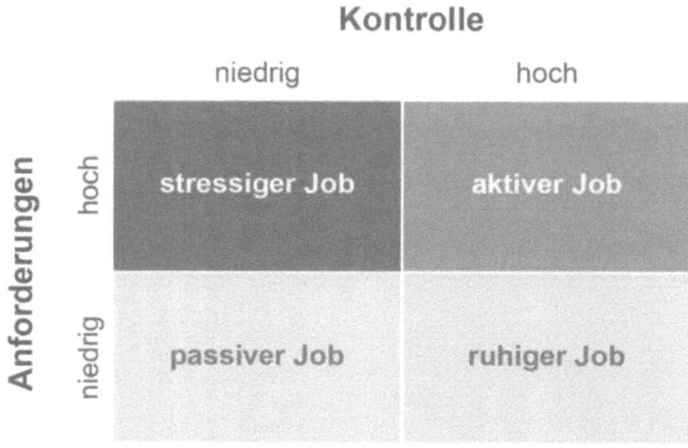

Abb. 2 Das Anforderungs-Kontroll-Modell/Quelle: Sylvia Glatzer

Gesundheitliche Beeinträchtigungen können erwartet werden, wenn sich eine ungünstige Kombination aus Anforderungen und Kontrolle ergibt. Höchsten Stress erzeugen hohe Anforderungen bei geringer Kontrolle (keine Kompensationsmöglichkeiten), während geringer Stress gegeben ist bei geringen Anforderungen und hoher Kontrolle (BKK 2002). Die Bedeutung der selbständigen Gestaltung der Arbeit und der damit verbundenen Ressourcen wird hier deutlich.
Trotz der theoretischen Fundierung und empirischen Überprüfung des Anforderungs-Kontroll-Modells wurde auch Kritik daran formuliert. Da sich dieses Modell auf die Arbeitssituation, die Arbeitsorganisation und die Arbeitsaufgaben beschränkt, werden die individuelle Bewältigungs-Kompetenz arbeitsbedingter psychosozialer Belastungen bzw. psychologische Merkmale der arbeitenden Person ausgeklammert. Aus diesem Grund wird das Anforderungs-Kontroll-Modell auch als „Black-Box"-Ansatz bezeichnet. Zudem bleiben auch gesellschaftliche Rahmenbedingungen der Erwerbsarbeit und die damit verbundenen Belastungen wie zunehmende Prekarisierung und Flexibilisierung der Arbeitsverhältnisse unberücksichtigt (Siegrist et al. 2008: 306).

3. 3 Siegrist: Berufliche Gratifikationskrise (Effort-Reward-Model)

Aus einer kritischen Auseinandersetzung mit den Grenzen des Anforderungs-Kontroll-Modells entstand das Modell der beruflichen Gratifikationskrise, welches Mitte der 1990iger Jahre von Johannes Siegrist und seiner Arbeitsgruppe entwickelt wurde. Das *Modell beruflicher Gratifikationskrisen* verdeutlichte, wie wichtig ein ausgeglichenes Verhältnis (Reziprozität der Tauschbeziehung) von beruflicher Leistung und Belohnung für Gesundheit und Arbeitsmotivation ist (Siegrist et al. 2008). Der Medizinsoziologe Siegrist weist in seinem Modell der beruflichen Gratifikationskrisen auf die notwendige Balance von Anforderungen und Belohnung hin. Gratifikationen ergeben sich über die finanzielle Belohnung, Wertschätzung und berufliche Statuskontrolle durch Aufstiegschancen, Arbeitsplatzsicherheit und ausbildungsadäquate Beschäftigung.

Ein Ungleichgewicht zwischen beruflicher Verausgabung und dem Gegenwert erhaltener Belohnung führt nach seiner Interpretation zu Stressreaktionen. Forschungen haben aufgezeigt, dass es Zusammenhänge zwischen Gratifikationskrisen (Verletzung der Reziprozität) und erhöhten Risiken für psychische Störungen und Erkrankungen gibt (WIFO 2011: 12-19).

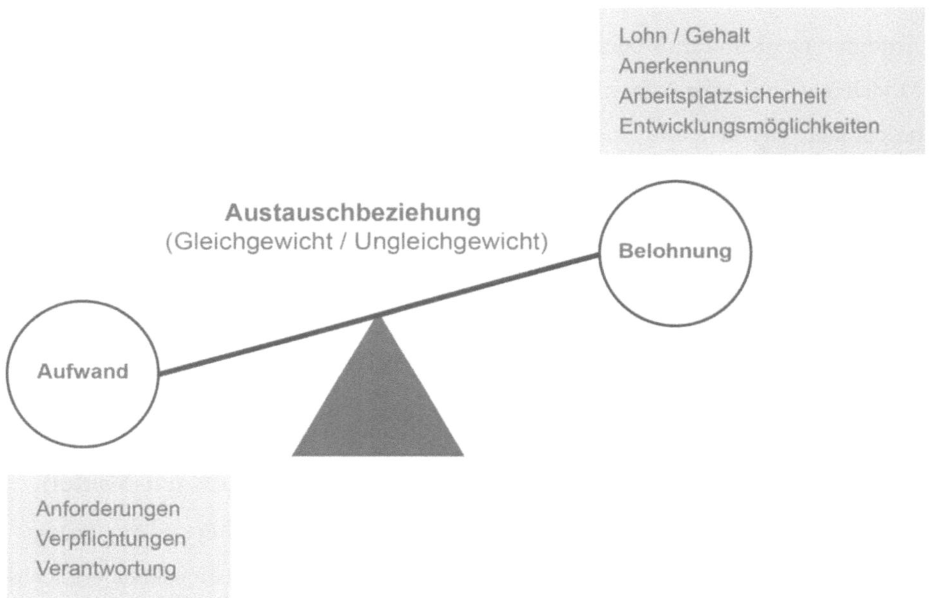

Abb. 3 berufliche Gratifikationskrisen (Effort-Retard-Modell)/ Quelle: Sylvia Glatzer

Dabei geht es aber nicht nur um die finanzielle Belohnung, sondern auch um eine angemessene Chance zu beruflichem Aufstieg sowie die Sicherung des Arbeitsplatzes. Diese Sicherung des sozialen Status und eine persönliche Anerkennung des Arbeitgebers verhindern ein Ungleichgewicht (Siegrist 2012).

Durch ein Missverhältnis zwischen Geben und Nehmen kann chronischer Stress entstehen. Über die beiden Faktoren Leistung und Belohnung hinaus berücksichtigt das Modell aber auch den Aspekt übersteigerter Verausgabungsneigung bzw. Überengagement als unabhängigen Einflussfaktor. Somit stellt das Modell eine klare Verbindung zwischen Beschreibung der Arbeitssituation sowie Beschreibung der Person her (Siegrist 2010: 69), d.h. das Modell beruflicher Gratifikationskrisen bezieht neben den aufgabenbezogenen Belastungen auch die persönlichen Faktoren der arbeitenden Person mit ein. Was nicht klar zum Ausdruck kommt und dementsprechend (einer) der Kritik ausgesetzt ist, sind die nicht genügend beschriebenen, unterschiedlichen Möglichkeiten der Arbeitsbelastung, die zu Stress führen können (Stressreport 2012: 17).

3. 4 Antonovsky: „Salutogenese“ - Sense of Coherence

"Gesundheit wird von Menschen in ihrer alltäglichen Umwelt geschaffen und gelebt: dort, wo sie spielen, lernen, arbeiten und lieben. Gesundheit entsteht dadurch, dass man sich um sich selbst und für andere sorgt, dass man in die Lage versetzt ist, selber Entscheidungen zu fällen und eine Kontrolle über die eigenen Lebensumstände auszuüben sowie dadurch, dass die Gesellschaft, in der man lebt, Bedingungen herstellt, die allen ihren Bürgern Gesundheit ermöglichen." Ottawa-Charta 1986

Als geistiger Vater des "Salutogenese-Modells" (lat. salus = Wohlbefinden/ griech. genesis = Entstehung oder Ursprung) gilt der amerikanische Soziologe Aaron Antonovsky (1923–1994) ursprünglich als Stressforscher. Seine Kritik richtete sich gegen das System der Gesundheitsversorgung bzw. Krankenbehandlung mit seiner pathogenetischen Betrachtungsweise. Nach seinem Militärdienst im 2. Weltkrieg auf Seiten der USA untersuchte er Überlebende aus Konzentrationslagern und stellte fest, dass ein Teil der untersuchten Frauen trotz der extremen Belastungen mental gesund blieb und andere nicht.

Die daraus entstehende Fragestellung, was Menschen gesund erhält, behandelte Antonovsky 1979 in seinem Aufsehen erregenden Buch *"Health, stress and copin. New perspectives on mental and physical well-being"* (BZgA 2001: 9-20).

Antonovsky überprüfte seine erstaunlichen Erkenntnisse später an Menschen aus unterschiedlichsten gesellschaftlichen und soziokulturellen Kreisen. Sein Streben war, verbindliche Voraussetzungen herauszuarbeiten, die scheinbar gesunden und zufriedenen Menschen zueigen sind, um eben diese Eigenschaften zur Erhaltung oder Wiederherstellung der Gesundheit einsetzen zu können.

Das Salutogenese-Konzept könnte man als Triebfeder einer neuen Gesundheits-orientierung definieren. Grundsätzlich sind Krankheit und Gesundheit nicht zwei verschiedene Positionen, Gesundheit ist als ein stetiges Kontinuum zu verstehen.

Nach seiner Ansicht ist Gesundheit ein Prozess, der nur mit einem geeigneten Verhalten aufrechterhalten werden kann. Antonovsky gemäß verhält sich Gesundheit komplementär zu Krankheit. Einzelne Stationen und Ereignisse im Lebensverlauf sind immer erst aus der gesamten Geschichte des Individuums zu verstehen und mit seinen daraus resultierenden Bewältigungsmöglichkeiten. Dieses wiederum bedeutet, dass auch Stressoren nicht grundsätzlich „schädlich“ sind.

Der daraus möglicherweise entstehende Stress ist abhängig von der persönlichen Interpretation/Wertung, von den individuellen Voraussetzungen, den Ressourcen und Potentialen sowie den entsprechenden erfolgreichen Auflösungen von Anspannung. Dies entscheidet über die sich daraus ergebenden gesundheitlichen Auswirkungen (Lorenz 2005: 29-31;).

Empfindet ein Mensch sein Leben als bestimmbar und stimmig, so entwickelt er ein Gefühl von Kohärenz (lat. *cohaerere* „zusammenhängen“). Antonovsky bezeichnet dies als Grundhaltung des Menschen, vorhandene Ressourcen zu nutzen sowie Widerstandsfähigkeit und Bewältigungsstrategien zu entwickeln.

Menschen sollten demnach möglichst von früher Kindheit an lernen, zu einer befriedigenden Weltanschauung zu gelangen (Lorenz 2005: 35). *Drei wesentliche Faktoren* tragen nach seiner Untersuchung zur Manifestation eines „Kohärenzgefühls" d.h. einer vertrauensvollen Orientierung im Leben und damit zu wachsender Gesundheit bei (Vgl. hierzu und zum Folgenden: BZgA 2001: 29-30).

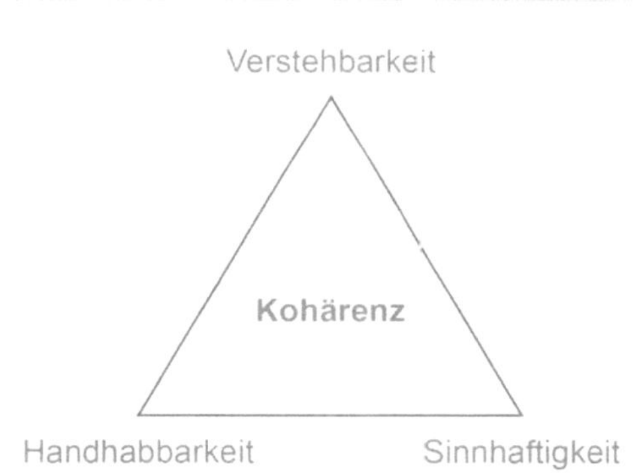

Abb. 4 Kohärenzgefühl/Quelle: Sylvia Glatzer

A. Die Verstehbarkeit und Einschätzbarkeit (*sense of comprehensibility*) – dabei kann der Mensch die Herausforderungen seiner Umwelt nachvollziehen und einordnen. Er erlebt diese als Folge von etwas und nicht als Chaos oder Willkür. Es geht dabei um eine subjektive Bewertung sowie die kognitive Verarbeitung der jeweiligen Stimuli. Sie ermöglichen es dem Menschen, sowohl die Welt als auch innere Erfahrungszustände zu erklären.

B. Die Handhabbarkeit und Bewältigbarkeit (*sense of manageability*) – beschreibt das Ausmaß des Vertrauens, in dem wahrgenommen wird, dass geeignete Ressourcen zur Verfügung stehen, um Anforderungen, die von Stimuli ausgehen, zu begegnen. Es erzeugt ein Gefühl von Machbarkeit und tiefer Überzeugung, dass das Leben zu meistern ist.

C. Die Sinnhaftigkeit und Bedeutsamkeit (sense of meaningfulness) – Während die ersten beiden Bestandteile des Kohärenzsinns der kognitiven Seite des Erlebens zuzuordnen sind, nimmt das Gefühl von Sinnhaftigkeit eine emotionale und motivationale Stellung im Salutogenesemodell ein. Individuen mit einem hochgradig ausgeprägten Kohärenzsinn betrachten ihr Leben, ihre Biografie und ihr Handeln generell als sinnvoll, unabhängig davon, ob der Versuch zur Bewältigung eines Problems mehr oder weniger erfolgreich war. Energie in eine Lösung zu stecken, wird grundsätzlich als wertvoll betrachtet.

Allgemein gesprochen sehen jene Menschen ihr Leben als interessant, lebenswert und schön an. Je ausgeprägter das Kohärenzgefühl ist, umso verantwortungsvoller, flexibler und erfolgreicher kann der Mensch mit den Stressoren umgehen. Verstärkend wirkt hier die Schlüssigkeit seiner Erfahrungen. Je klarer er realisiert, dass Ungleichgewicht ein zentraler Bestandteil des Lebens ist, umso selbstverständlicher und unbelasteter erlebt er auch entsprechende Herausforderungen und kann neuen Lösungen offen gegenüberstehen.

Somit sind Stressoren also nicht als solche problematisch, sondern nur deren Einschätzung und die Möglichkeiten der „Bewältigung“ (Lorenz 2005: 39). Salutogenetischer Annahme zur Folge befindet sich der Mensch somit nicht in einem Zustand von entweder Gesundheit oder Krankheit, sondern er bewegt sich auf einem Kontinuum zwischen diesen beiden Polen und verfügt auch in Zeiten, in denen er sich nahe am Krankheitspool befindet, über gesunde Anteile. Krankheit ist nicht Störung eines als normal angenommenen Zustands der Homöostase (Erkenntnis, dass der menschliche Organismus in der Lage ist, einen ursprünglichen kohärenten Zustand durch Selbstregulierung wieder zurückzugewinnen), sondern notwendiger Bestandteil des Lebens, in dem Menschen Anpassungsleistungen erbringen müssen, um die Flut von Stressoren zu bewältigen, denen sie ausgesetzt sind. Die Bewegung in Richtung Gesundheit wird wesentlich durch das Kohärenzgefühl determiniert, eine relativ überdauernde personale Disposition, die im Verlauf der Sozialisation in Kindheit, Jugend und frühem Erwachsenenalter erworben wird (BZgA 2001: 32).

Gemeinsamkeiten von Salutogenese und Achtsamkeit

Achtsamkeit (vgl. Kapitel 4) sowie Salutogenese bauen auf dem Prinzip der Homöostase auf. Der menschliche Organismus ist in der Lage, einen ursprünglichen kohärenten Zustand durch Selbstregulierung wieder zurückzugewinnen. Die Voraussetzung dafür ist, dass vorhandene Ressourcen nicht brach liegen, das heißt, dass wir Bedingungen schaffen, die uns unterstützen, Herausforderungen zu bewältigen und schwierige Situationen durchzustehen. Der gesundheitsfördernde, salutogenetisch wirksame *"Sense of Coherence"* besteht, wie wir gesehen haben, aus drei Überzeugungen: Der Verstehbarkeit, der Handhabbarkeit und der Bedeutsamkeit bzw. Sinnhaftigkeit einer Herausforderung. Achtsamkeit kann alle drei Faktoren fördern. Einsicht in eigene Mechanismen, aber auch die unvoreingenommene Beobachtung führt zu **Verstehbarkeit**. Innehalten und ruhiges Erwägen der Wahlmöglichkeiten aus einem Abstand und das Aufsuchen von Ressourcenzuständen fördern die **Handhabbarkeit**.

Sinnhaftigkeit und **Bedeutsamkeit**, welche die Anstrengung und das Engagement lohnen zeigen sich oft erst im achtsamen Kontakt und im Verbundensein mit sich und anderen (Antonovsy 1997: 36). Wenn die Grundlage von Stresszuständen letztlich in einem Ungleichgewicht zwischen Anforderungen und Ressourcen zu suchen ist, ist das Phänomen der Achtsamkeit in zweierlei Hinsicht von Bedeutung für die Bewältigung und Prävention: Zum einen hilft Achtsamkeit die Ursachen von Stress zu verringern, weil sie die Sensibilität und Wahrnehmung gegenüber möglichen Stressoren verbessert (Harrer 2013). Achtsamkeit hilft dabei externe und interne Anforderungen und mögliche Quellen von Überforderungen zu deuten und zu bewerten. Zum anderen hilft Achtsamkeit dabei, die Grenzen der eigenen Ressourcen wahrzunehmen und zu akzeptieren und die Voraussetzung für eine Bewältigung der Anforderungen innerhalb der Möglichkeiten der eigenen Handlungsmöglichkeiten und Ressourcen realistisch einzuschätzen (Harrer 2013).

Neben dem Konzept der Achtsamkeit führte Albert Bandura im Rahmen der betrieblichen Gesundheitsförderung auch den Begriff der Selbstwirksamkeit (*self-efficiacy*) ein. Er entwickelte diesen in den 1980er Jahre im Rahmen seiner sozial-kognitiven Lerntheorie (BZgA 2012: 16). Das Selbst und das Wissen über das Selbst (Selbstkonzept) bilden den Kern der humanistischen Psychologie und stellen alle kognitiven wie emotionalen gespeicherten Informationen dar (Röder 2009: 11). Die Grundzüge der sozial-kognitiven Theorie beschreiben, wie die Intention sowie Motivation einer Person bestimmt werden von unterstützenden Faktoren der Umwelt. Eine zentrale Rolle bei der Entscheidung, ob eine Person ein bestimmtes Verhalten ausführt oder nicht, spielt die Selbstwirksamkeitserwartung.

Hierbei geht es um die subjektive Kompetenzüberzeugung, eine neue oder schwierige Aufgabe lösen zu können (Röder 2009: 12). Im Umgang mit alltäglichen Anforderungen stellt die Selbstwirksamkeitserwartung eine wichtige personale Ressource dar: „*Wenn wir schwierige Dinge zu bewältigen haben, müssen wir die an uns gestellten Anforderungen gegen unsere Kompetenzen abwägen. Erst dann entscheiden wir uns für eine bestimmte Handlung bzw. Bewältigungsreaktion*“ (Röder 2009: 34-35).

4 Bedeutung von Achtsamkeit für das Individuum

Unsere Gedanken haben eine ungeheure Kraft.
Es ist in unsere Entscheidung,
diese Macht zu unserem Nutzen einzusetzen.
Erfahrung ist das, worauf ich einwillige meine Achtsamkeit zu richten.
William James (1892 – 1910)

Von der Notwendigkeit einer Veränderung des individuellen und gesellschaftlichen Bewusstsein sowie einer gesundheitsorientierten Kultivierung im Sinne der Achtsamkeit ist in den vergangenen Jahren viel diskutiert worden. Eine leistungsorientierte und schnelllebige Zeit macht es immer schwieriger, mit sich selbst in Kontakt zu bleiben und sich seine Bedürfnisse und Empfindungen bewusst zu machen. Damit ist es nötig, neue Wege für die Gesundheit zu suchen sowie einen Blick auf unser Gesundheitsverhalten zu werfen. *„Gesundheitsförderung zielt auf den Prozess, allen Menschen ein höheres Maß an Selbstbestimmung über ihre Gesundheit zu ermöglichen" (Ottawa Charta der WHO, 1986).*

Das heißt, um körperliches, seelisches und soziales Wohlbefinden zu erlangen, ist es nötig selbstverantwortliche Entscheidungen zu treffen. Aber was macht das verantwortungsbewusste Entscheiden in diesem Kontext so schwierig? Entscheiden können beinhaltet auch die Fähigkeit, Antworten zu geben, wie es im Wort *„Ver-Antwortung"* auch bereits enthalten ist. Im Kontext der eigenen Gesundheitsförderung bedeutet dies, sich den dementsprechenden Anfragen seines *Leibes* auch bewusst zu sein und *hinzuhören*. Also wie es so schön heißt *„auf den Körper hören"* oder anders ausgedrückt: Gesundheitsverhalten ist unmittelbar abhängig von der achtsamen Wahrnehmung der gegenwärtigen eigenen inneren Befindlichkeit (Lemmer 2007: 130).

Die Disziplin der Achtsamkeit stellt einen psychischen Zugang dar, nämlich bewusst *„Innezuhalten"* und durch Fokussierung des Bewusstseins zu einer eigenen, ganz konkret subjektiven Erfahrung des gegenwärtigen Augenblicks zu gelangen (Kohls 2013: 31).

In den vergangen Jahrzehnten wurde das Prinzip Achtsamkeit unterschiedlich interpretiert und in verschiedene Ansätze integriert. Achtsamkeit kann als besondere Form der Wahrnehmung verstanden werden, als besondere Art des Charakters oder historisch gesehen als Meditationsmethode verwendet werden.

Akincano M. Weber, ein Meditations- und Dhammalehrer aus Köln, beschreibt Achtsamkeit als *„einen Begriff zwischen den Welten"* der unser Leben sehr beeinflusst. Denn für jede Form des Verstehens brauchen wir Aufmerksamkeit. Also eine Achtsamkeit die bewusst auf das Objekt gerichtet ist, gehalten werden kann und somit die Bedeutung in dem Moment verstanden wird (Weber 2010: 61).

Das Thema Achtsamkeit ist im Moment regelrecht in Mode. Es gibt keine eindeutige Definition davon und so kann jeder darunter verstehen, was gut in seine Ansicht passt oder zu seinen Absichten und Zielen. In diesen Zusammenhang möchte ich mit dieser Arbeit das Konstrukt Achtsamkeit näher beleuchten. Was bedeutet Achtsamkeit genau und wo kommt sie her? Welchen Nutzen habe ich davon, wie wirkt sie auf die Gesundheit und wie könnte sie in der Stressbewältigung angewendet werden?

4. 1 Begriffserklärungen

Achtsamkeit als Kompetenz im Umgang mit sich selbst, den Mitmenschen und der Umwelt ist ein weites, schwer zu fassendes Feld. Um Achtsamkeit besser zu verstehen, bedarf es zunächst einer ausführlichen Beschäftigung mit dem Begriff oder damit, was der Einzelne mit Achtsamkeit verbindet. Meist erscheint vor unserem Auge sofort ein orangefarben gekleideter Mönch, langsam sich bewegend oder anmutig sitzend einen Tee schlürfend. Oder die Vorstellung von einem Zustand tiefster Versenkung, geheimnisvolle Lichter und mystische Erfahrungen. Aber ist das Achtsamkeit?

Im herkömmlichen Sinne wird Achtsamkeit im deutschsprachigen Raum mit „Umsicht“ oder „Sorgfalt“ verbunden. Beim Blick ins etymologische Wörterbuch lässt sich herausfinden, dass der Wortstamm von Achtsamkeit bei *Acht* liegt. Es wird vom althochdeutschen *ahten* (erwägen, merken oder kümmern) abgeleitet, das auch mit dem gotischen Begriff *aha* (Sinn, Verstand) verwandt ist. In der Bedeutungslehre ist *Achten* ein aktives Verhalten auf das Bedenken oder das Eingehen auf Etwas. Das heißt, es steht immer in Beziehung zu *etwas,* was mit *acht a*usgedrückt werden möchte. Wie z.B. *ver-achten, be-achten* oder *acht-los.* Es sind keine Begriffe der Erkenntnis, sondern der Beschreibung zum Zweck des verantwortlichen TUNS. So gesehen steckt eine gewisse Absicht im Sinne einer Handlung für ein bestimmtes Ziel dahinter (Anderssen-Reuster 2009: 9).

Hier scheint ein gewisser Widerspruch sich aufzuzeigen. Achtsamkeit ist auf der einen Seite passiv: Es wird beobachtet, was passiert, aber nicht eingegriffen: „dem *Objekt gegenüber rein aufnehmend (...) ohne mit dem Gefühl, dem Willen oder Denken bewertend Stellung zu nehmen und ohne durch Handeln auf das Objekt einzuwirken"* (Nyanaponika 2007: 26).

Auf der anderen Seite ist Achtsamkeit aktiv in dem Sinne, dass jeder Bewusstseinsinhalt genau registriert wird – also ein aktives Beobachten. Ein Nicht-Reagieren auf die wahrgenommenen Eindrücke und Gefühle, im Gegensatz zum üblichen, automatischen Reagieren ist eine bewusste und aktive Entscheidung. Achtsamkeit ist demnach gleichzeitig aktiv und passiv und gleichzeitig die Synthese von Passivität und Aktivität (Sauer 2009: 20).

Der englische Fachbegriff mindfulness (*Achtsamkeit*) ist eine Übersetzung des Pali-Begriffs *Sati*, der soviel wie „Besinnung“, „erinnern“ oder „Gedächtnis“ bedeutet (Nynaponika 2007: 23). Das zusammengesetzte Wort *„Satipatthana"* besitzt eine grundlegende Bedeutung im Buddhismus und stellt eine breite Qualität an nützlichen Perspektiven dar. Pali war die Sprache der buddhistischen Psychologie vor 2.500 Jahren. Achtsamkeit ist die Kernbelehrung dieser Tradition. Die Nebendeutung zu *Sati* ist Gewahrsein (*engl. awareness*).

In erster Linie wird es als eine Methode der sogenannten *Geistesschulung* für eine Ausbildung der *Bewusstseinsklarheit* beschrieben, die zu einer besseren Aufnahmefähigkeit, Weisheit und Konzentration führt (Analayo 2007: 3). Der zweite Wortbestandteil *„patthana"* kann den alten Schriften zufolge einmal als „Grundlage" betrachtet werden. Denn die Basis der Achtsamkeit ist die Betrachtung von Körper, Gefühl, Bewusstseinszustand und Geistesobjekten oder auch *Stimmungen.* Andererseits kann es von *upatthana* abgeleitet sein, wobei der Vokal *u* wegfällt. *Upatthana* bedeutet wörtlich „in der Nähe platzieren", und bezieht sich im vorliegenden Fall auf eine besondere Weise des „Gegenwärtigseins" und der „begleitenden Anwesenheit" bei einem Geschehen mit Achtsamkeit (Nynaponika 2007: 23/24). So verstanden kann *saitpatthana* erklärt werden als praktische Übung von *„Gegenwart der Achtsamkeit"* durch die Betrachtung von Körper, Gefühl, Gedanken und Stimmungen (Analayo 2010: 37).

4. 2 Definitionen von Achtsamkeit

Nicht was wir erleben, sondern wie wir empfinden,
was wir erleben, macht unser Schicksal aus.
Marie von Ebner-Eschenbach (1830 – 1916)

Mit der Definition von Achtsamkeit stoßen wir auf ein breites Feld der Interpretationen und ebenso auf scheinbare Widersprüche. Auf der einen Seite ist Achtsamkeit etwas Kleines, Einfaches und Natürliches, auf der anderen Seite bereits jahrtausendelang im Osten erforscht eine grundlegende und wichtige Fähigkeit für die menschliche Existenz. Achtsamkeit ist eine wichtige Ressource, wie Weiss, Harrer und Dietz in ihrem Buch (2010) schreiben, die vielleicht bislang nicht genügend gesehen wurde und nicht nur Einfluss auf eine bewusste Entwicklung der Persönlichkeit ausübt, sondern auch die Gesundheit und die menschlichen Beziehungen fördert. Aber wie kann man Achtsamkeit definieren?

Rechte Achtsamkeit („*Satipatthana*") wurde von Buddha als Weg zur Befreiung des Geistes beschrieben. Rechte Achtsamkeit –„ *das aufmerksame, unvoreingenommene Beobachten aller Phänomene, um sie wahrzunehmen und zu erfahren, wie sie in Wirklichkeit sind, ohne sie emotional oder intellektuell zu verzerren"* (Sole-Leris 1994: 26). Der Mönch *Nyanaponika* aus Sri Lanka beschreibt in seinem Buch *„Geistestraining durch Achtsamkeit"*, ein 1956 von ihm aus dem Pali übersetztes Standardwerk, die Achtsamkeit als Herzstück der buddhistischen Tradition in der Funktion als reines Beobachten. *„Das klare, unabgelenkte Beobachten dessen, was im Augenblick der jeweils gegenwärtigen Erfahrung (einer inneren und äußeren) wirklich vor sich geht. Es ist die unmittelbare Anschauung der eigenen körperlichen und geistigen Daseinsvorgänge (....) ohne mit dem Gefühl, dem Willen oder Denken bewertend Stellung zu nehmen und ohne durch Handeln auf das Objekt einzuwirken* (Nyanaponika 2007: 26).

Buddha sah darin einen Ausweg für Innere und Äußere „Bedrängnis". Bedrängnis im Sinne von Spannungen und Konflikten, Gefühlen der Einengung und Sinnlosigkeit dieses Getriebenseins, die den inneren Druck erhöhen, aber mit und durch Achtsamkeit Erleichterung finden können (Nynaponika 2007: 10). Ein zentraler Aspekt dieser „Wahrnehmung des Augenblicks" ist die bewusste Absichtslosigkeit, bezogen auf ein wertfreies *„Dasein"* und nicht auf ein gezieltes *„Handeln"*. Dieses reine Beobachten ist keineswegs ein mystischer Geisteszustand, der nur wenigen zugänglich ist. Es ist vielmehr eine elementare Form des Bewusstseins und eine wichtige Phase in der Geistesentwicklung (Nyanaponika 2007: 17).

Außerhalb der buddhistischen Traditionen ist die Definition von Achtsamkeit abhängig davon, für welche Ziele und Zielgruppen sie benutzt wird. Entweder zur allgemeinen Stressbewältigung, bei Schmerz oder zur Rückfallprophylaxe bei Depressionen (siehe Kapitel 4.4), aber auch im Coaching für unterschiedlichen Berufsgruppen.
Die in den Vordergrund gestellten Eigenschaften von Achtsamkeit hängen dabei von den jeweiligen Überzeugungen sowie dem wissenschaftlichen Hintergrund der ausführenden Personen ab (Weiss et al. 2010: 20).

Daniel Goleman, beschreibt Achtsamkeit als Grundlage der emotionalen Kompetenz und verweist auf den Zusammenhang zwischen Gefühl, Charakter und Instinkten sowie die Wichtigkeit der *Schulung von Emotionen* (Goleman 2002: 170). Er betont, dass ein achtsames, fortwährendes Wahrnehmen der inneren Befindlichkeiten zur Erhaltung von Gesundheit und Wohlbefinden beitragen kann (vgl. hierzu und zum Folgenden: Goleman 2002: 12 ff). Goleman spricht von zwei Haltungen: Selbstbeherrschung und Mitgefühl. Das heißt, einmal in stressigen Situationen die Fähigkeit zur Selbstreflexion zu bewahren und sich seinen Impulsen nicht auszuliefern, auf der anderen Seite aber auch Empathie und Verständnis entwickeln, um die Stimmungen des Anderen zu erkennen Emotionale Intelligenz bedeutet für Goleman Selbstbeherrschung, Beharrlichkeit und die Fähigkeit sich selbst zu motivieren.

Achtsamkeit scheint somit ein Weg zu sein, differenziert und wohlwollend sich seiner selbst bewusst zu sein. Dadurch es dem Individuum möglich ist, ein angemessenes Gesundheitsverhalten sowie auch soziale Kompetenz zu erlangen.

Eine weitere Definition von Achtsamkeit liefert Ellen J. Langer, eine Sozialpsychologin und Professorin an der Harvard University. Sie entwickelte die sogenannte *„mindlessness-theory"*. Hierbei beschreibt sie zwei Bewusstseinszustände, wobei es um die Polarität von Gedankenlosigkeit (*mindlessness*) und Aufmerksamkeit/Achtsamkeit (*mindfulness*) geht. Gedankenlosigkeit ist für Langer ein starres Sich-Verlassen auf alte Kategorien. Reize aus dem Umfeld werden automatisch weitergeleitet. Achtsamkeit dagegen bedeutet für Langer: (vgl. hierzu und zum folgendem: Lenzeder 2009: 27)

1. Die Fähigkeit neue Kategorien zu schaffen, d.h. sich der jeweiligen Situation bewusst sein und sie von einer neuen Perspektive zu beleuchten;

2. Neue Informationen durch „aktiv denkendes Hören und Sehen" aufgreifen;

3. Gewahrsein und Offenheit für mehr als eine Perspektive erleichtert ein vorurteilfreies Kommunizieren;

4. Aufmerksamkeit ist mehr auf die Prozesse als auf das Ergebnis gerichtet;

5. Vertrauen in die eigene Intuition, wodurch wir gewohnte Denk- und Wahrnehmungsmuster in Frage stellen und uns eher von alten Einstellungen lösen können (Lenzeder 2009: 28).

Achtsamkeit nach Langer bedeutet also, dass Spüren der eigenen Individualität, ein flexibles Denken in vielen Kategorien, Offenheit gegenüber dem Neuen und die Fähigkeit seine Handlungen in einer größeren, bewusst gewählten Perspektive zu sehen (Müller 2004: 7).
Zur operationalen Definition von Achtsamkeit schlagen Bishop und Kolleginnen (Lenzeder 2009: 31/Bishop et al. 2004) ein Zwei-Komponenten-Modell vor.

Die erste Komponente ist die Selbstregulation der Aufmerksamkeit, so dass diese auf die unmittelbare Erfahrung im gegenwärtigen Moment gerichtet wird und die sich stetig verändernden Gedanken, Emotionen und Körperempfindungen betrachtet werden. Diese Erfahrung wird häufig als ein Gefühl beschrieben, vollkommen wachsam, gegenwärtig und lebendig im Hier und Jetzt zu sein.

Die zweite Komponente ist die Orientierung oder innere Haltung, mit der dieser unmittelbaren Erfahrung begegnet wird. Sie ist gekennzeichnet durch Neugierde, Offenheit und Akzeptanz. Dabei wird sämtlichen Erfahrungen gleichermaßen akzeptierend begegnet. Mit dieser zweiten Komponente wird betont, dass Achtsamkeit von einem wesentlichen Gefühlsaspekt durchdrungen ist, der von einer mitfühlenden Qualität, von Offenherzigkeit und von freundlichem Interesse der Gegenwärtigkeit gegenüber geprägt ist (Lenzeder 2009: 31). Achtsamkeit ist hierbei eine metakognitive Kompetenz, im Sinne von Überwachung und Kontrolle, ein Prozess mit dem Ziel, Einblick in die eigene Gedanken und Gefühlswelt zu erhalten. Die Aufmerksamkeit muss fortwährend aufrechterhalten und reguliert werden, ansonsten endet die Achtsamkeit (Lenzeder 2009: 32).

Trotz des historischen Ursprungs wird mit der oben vorgestellten Definition deutlich, dass die Achtsamkeit kein religiöses Konzept, sondern ein inhärenter Zustand des menschlichen Geistes ist, der sich in den fundamentalen Aktivitäten des Bewusstseins gründet. Weiss und seine Kollegen fassen die Grundfunktion der Achtsamkeit in vier essentiellen Elementen zusammen (Weiss et al. 2010: 23-27):

1. Eine bewusste Lenkung der Aufmerksamkeit, gerichtet auf ein Objekt im *Innen oder Außen.* Worauf wir uns, meist unbewusst beziehen und fokussieren ist Ausdruck, wie wir die Welt und vor allem uns selbst erleben. Diese Fähigkeit kann durch individuelle, kulturelle und auch traumatische Erfahrungen sehr unterschiedlich ausgeprägt sein. Um im direkten Kontakt mit dem Objekt zu bleiben, ist es erforderlich, das Erleben nicht zu bewerten, sondern diese Bewertung zum Objekt der Beobachtung werden zu lassen.

Dies scheint nicht einfach zu sein und es braucht ein kontinuierliches Training dieser Geisteshaltung. Oder wie Sole-Leris beschreibt: „*Man muss sich in das aufmerksame, nicht-reaktive Beobachten seiner leiblichen und geistigen Vorgänge einüben, um so eine zunehmende Achtsamkeit auf ihre wahre Natur zu entwickeln; man muss diese Prozesse so wahrnehmen lernen, dass diese Wahrnehmung nicht mehr verfälscht wird durch unsere üblichen Wünsche, Ängste, Ansichten usw.*" (Sole-Leris 1994: 23).

2. Gegenwärtigkeit

Gegenwärtigkeit ist die erzeugte Gegenwart eigener Gewissheit[3]. Dies erzeugt eine neue Dimension von Bewusstheit und die Gedanken verlieren so ihre Macht über das Individiuum, wie auch die dadurch entstandene, unbewusste Identifizierung mit dem Verstand (Tolle 2007: 30). Wir zivilisierten Menschen der Gegenwart sind bis auf wenige Ausnahmen sehr kopfgesteuert. Gegenwärtigkeit mutiert zu einem theoretischen Begriff. Wir sind gegenwärtig, wenn wir nicht in Gedanken in der Vergangenheit oder in der Zukunft verweilen und vergessen, dass wir nur das JETZT unmittelbar erfahren können. Um Achtsamkeit zu trainieren, ist es nötig, den Verstand und das Denken fernzuhalten, um diesen unmittelbaren Moment wahrzunehmen (Weiss et al. 2010: 25).

3. Akzeptanz

Akzeptanz (*von lat. „accipere"* für gutheißen, annehmen) bedeutet also etwas oder jemanden anzunehmen oder tolerieren. Da die meisten aber schon früh gelernt haben, Situationen und sich selbst zu bewerten, verurteilen oder zu verdrängen, ist das zu einer unbewussten inneren Haltung geworden. Das reine Beobachten der eigenen Gedanken und Gefühle im gegenwärtigen Moment, auch wenn es eine vielleicht unangenehme Erfahrung in dem Moment bedeutet, stellt ein wichtiges Element in der Achtsamkeit dar. Es bedeutet nicht Resignation oder es aushalten zu müssen, sondern als Tatsache zu sehen, es anzuerkennen und nicht zu bekämpfen, damit es sich, meist wie von selbst, verändern kann (Weiss et al. 2010:26-27).

---

[3] http://kulturkritik.net/begriffe/index.php?b=gegenwaertigkeit (Zugriff 5. 10. 2013)

4. Der „innere Beobachter"

Die achtsame Wahrnehmung von eigenen Gedanken, Gefühlen und Körperwahrnehmungen schafft einen Abstand zum eigenen Erleben und damit ist es möglich sie zu reflektieren sowie sie immer wieder neu zu sortieren (Lemmer 2007: 131). Es entsteht also eine „Beziehung" zwischen dem, was ich denke, und dem, was ich fühle. Wir befassen uns dementsprechend nicht mit den unterschiedlichen Eigenschaften des beobachtenden Objektes, sondern auch mit seiner Beziehung zum Subjekt. Es braucht also eine Gedankenkraft, eine Einbeziehung des *„ICHs"*, ansonsten wäre die Achtsamkeit nur eine isolierte Wahrnehmung wie es auch bei Tieren vorkommt (Nyanaponika 2007: 18). Durch die Achtsamkeitspraxis werden *Beobachter* und *Beobachtetes* auseinander gehalten, es entsteht ein innerer Abstand, von dem aus zu sehen ist, wie diese Zustände kommen und gehen können und dabei Neugierde und Mitgefühl entwickelt werden kann, statt sie zu bekämpfen und damit identifiziert zu sein. Der innere Beobachter ist dementsprechend ein Bewusstseinzustand ohne Kontrollfunktion (Weiss et al. 2010: 27).

4. 3 Funktionen und Wirkung von Achtsamkeit

Du kannst nur lernen, dass du das, was du suchst, schon selber bist.
Alles Lernen ist das Erinnern an etwas,
das längst da ist und nur auf Entdeckung wartet.
Sokrates (469 v. Chr. – 399 v. Chr.)

Achtsamkeit ermöglicht das Wahrnehmen der Unterschiedlichkeit von Innen und Außen, da der menschliche Geist fähig ist, Erfahrungen im gegenwärtigen Moment aufrecht zu halten. Ziel ist es, sich dabei seiner Gedanken, Gefühle, Körperempfindungen sowie Fantasien und damit auch seiner Handlungen bewusst zu werden, dabei innere Muster und Gewohnheiten zu erkennen und ihnen nicht mehr wie durch einen Autopiloten folgen zu müssen. Die Folge sind freie Entscheidungen und neue Handlungen (Safran 2006: 247).

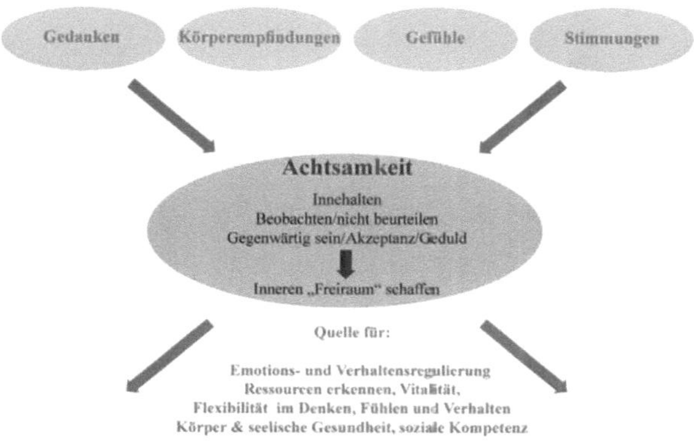

Abb.: 5 Achtsamkeit – Prozess/ Quelle:: Sylvia Glatzer

Durch das Üben der Achtsamkeit und dem damit verbundenen Erlangen eines höheren Bewusstseins bietet sich die Möglichkeit zur neuen inneren Verhaltensregulation und zu Verhaltensänderungen und es hat viele positive Auswirkungen auf das geistige und körperliche Wohlbefinden.

Die Sicht der Dinge kann klarer wahrgenommen werden und es entsteht mehr innere Ruhe, Toleranz für Unbekanntes und die Fähigkeit mit schwierigen Situationen und den eigenen Reaktionen darauf besser umzugehen. Diese Form einer sogenannten *Emotionsregulation* gewinnt auch immer mehr Bedeutung in der Psychotherapie. Sie steht im Einklang mit den Erkenntnissen der Neurowissenschaften, die beschreiben wie bestimmte Gehirnbahnen verändert werden können, wenn neuronale Strukturen lang genug stimuliert werden. Wie auch in einem Stern Artikel aus dem Jahr 2009, der von dem Psychologen und Meditationsforscher Ulrich Ott verfasst wurde: *„Wer regelmäßig seine Aufmerksamkeit auf das Hier und Jetzt bündle, verändere langfristig „die Architektur seines Gehirns"* (Ott 2009).

Seit einigen Jahren erkennen immer mehr Wissenschaftler und Ärzte die Relevanz der Achtsamkeit für die psychische Gesundheit an und sie wird zur Behandlung und Prävention von Burnout verstärkt eingesetzt. Auch in der traditionellen Chinesischen Medizin (TCM) findet die Achtsamkeit in Form von Körperübungen zur Erhaltung der Gesundheit (QiGong) seit mehr als zwei Jahrtausenden ihre Anwendung.

Wichtig dabei ist zu betonen, dass achtsamkeitsbezogene Interventionen durch Einsatz von „Akzeptanz" als Bewältigungsstrategie nicht zur Vermeidungsstrategien von belastenden Gefühlen führen sollen (Berking et al. 2006: 309).

Die Achtsamkeit und ihre vielfältigen Einsatzgebiete werden somit immer mehr zum Inhalt der Strategien zur Behandlung oder von Vermeidung von Stress (Stressmanagement) sowie den daraus resultierenden Krankheiten[4]

[4] http://www.tomglasauer.de/achtsamkeit/stressmanagement-vs-stressvermeidung/ (Zugriff 14.10.2013)

4. 4 Modelle und Anwendung der Achtsamkeit

Das Konzept des achtsamen Bewusstseins bzw. der Achtsamkeit bezieht sich zwar in seinen Wurzeln auf die buddhistische Tradition, ist jedoch seinem Wesen nach sowie in seinen heutigen vielseitigen Entwicklungen weder religiös noch esoterisch. *„Achtsamkeit"* ist in unserer Sprache zweifellos ein allgemein verwendeter Begriff, der unterschiedliche Bedeutungen darstellt sowie unterschiedlich gebraucht werden kann.

Für die heutige Wissenschaft interessant und dadurch auch bekannt geworden, ist Achtsamkeit durch Anstöße und Untersuchungen von verschiedenen Körper-psychotherapeuten in den 1960er und 70er Jahren, wie z.B. James, Perls, Gendlin, Rogers sowie Weitere. William James beschrieb schon vor 100 Jahren in seinem Buch *Principles of Psychology* den Zusammenhang zwischen Aufmerksamkeit und Charakter, hatte aber dafür noch keine Ideen, wie sie trainiert werden könnte (Weber 2010: 62). Zur Schulung dieser Haltung sowie der praktischen Umsetzung liefern uns dann die Meditationsmethoden der östlichen Philosophie und die Prinzipien der buddhistischen Tradition eine Anleitung. Die Schritte und die möglichen Erfahrungen damit hat Buddha genau beschrieben, was man in vielen Büchern nachlesen kann (Kornfield et al. 1996). Der menschliche Geist hat bestimmte Eigenschaften, die für jeden gelten und geschult werden können, um Schritt für Schritt zur Erkenntnis zu gelangen, vorausgesetzt man bemüht sich und übt regelmäßig (Khema 1994: 17).

In den letzten 30 Jahren wurden unterschiedliche klinische Interventionen auf Basis der Achtsamkeit erforscht und entwickelt.

Die nachfolgenden Teilabschnitte beschreiben Therapieansätze für die Behandlung somatischer Erkrankungen, die durch die Erfahrung mit Achtsamkeit die psychische und physische Gesundheit, die Stressbewältigung sowie eine Verhaltensregulation verbessern sollen.

4. 4. 1 Mindfulness-Based Stress Reduction (MBSR)

Die Vipassana-Meditation (Einsichtsmeditation) bildet die Grundlage des Mindfulness Based Stress Reduction (MBSR) von Kabat-Zinn, der die Bedeutung der Meditation auf die Gesundheit erkannte und in seine Programme integrierte.

In den 1970iger Jahren leitete der Biologe und Mediziner das Center for Mindfulness in Massachussetts (USA) und wendete bei den Patienten erstmals Achtsamkeitsübungen und Hatha-Joga an.

Ziel war es, erstmalig herauszufinden, ob diese „alten Methoden“ auf heutige Verhältnisse angewendet werden konnten und zur Verbesserung der meist aussichtslosen chronischen Verläufen der Schmerzpatienten führten (Heidenreich et ad. 2006: 273). Daraus entwickelte er ein Programm, welches einen Zeitraum von acht Wochen beinhaltet und unterschiedliche Achtsamkeitsübungen umfasst: Sitzmeditation (Aufmerksamkeit auf das Ein- und Ausatmen), Body Scan (Liegenmeditation, bei der die Aufmerksamkeit durch die verschiedenen Körperregionen gelenkt wird), Hatha Yoga (sanfte Dehnungs- und Atemübungen aus der Yoga-Tradition) sowie persönliches Coaching für das Umsetzen einer achtsamen Haltung in den Alltag.

Das Programm wird seit 30 Jahren erfolgreich angewendet und auch seit einigen Jahren in Europa (Lanzeder 2009: 43-47). Seit 2002 wird in Deutschland eine von den Krankenkassen anerkannte Weiterbildung durchgeführt. Die Teilnehmer sind vor allem Menschen, die an körperlichen und psychischen, meist durch Stress ausgelösten Erkrankungen leiden, einen Weg suchen, besser mit Stress umzugehen, sowie eine Fähigkeit erlernen wollen, mit deren Hilfe sie zu einem neuen Lebensstil finden können (Heidenreich et al. 2006: 275).

4. 4. 2 Mindfulness-Based Cognitive Therapy (MBCT)

Diese auf Achtsamkeit basierte kognitive Therapie wurde von Segal, Williams und Teasdale (2008) entwickelt, um Personen vor einem depressiven Rückfall zu schützen.

Diese basiert vorwiegend auf dem Stressbewältigungsprogramm (MBST) von Kabat-Zinn und richtet sich in erster Linie an Personen, die an Rückfalldepressionen leiden[5]. Das Ziel des Programms besteht darin, durch achtsamkeitsbasierte Interventionsstrategien aus den verselbständigten Gedanken auszusteigen, mit einem achtsamen Denken sich selbst ins Hier und Jetzt zurückzuholen und nicht in negativen Erinnerungen und immerwährenden Gedankenschleifen verhaftet zu bleiben. Es wird angenommen, dass depressive Episoden dazu führen, dass negative Gedanken und Gefühlszustände auch nach Abklingen der aktuellen Depression leicht aktiviert werden können.

Als Dreh- und Angelpunkt für das Rückfallgeschehen gelten Zustände mit moderat gedrückter Stimmung, in denen negative Gedanken reaktiviert werden. Kommt es zu einer Verfestigung dieser Denk- und Fühlweisen, ist ein Rückfall in eine depressive Episode zu erwarten. Gelingt es hingegen, die negativen Gedankenmuster frühzeitig zu unterbrechen, kommt es nicht zu einem Rückfall (Heidenreich et al. 2006: 254-255). In der MBCT-Therapy werden zwei wichtige Methoden beschrieben.

Im sogenannten *doing mode* kreisen die Gedanken zwischen der momentanen Situation und der erwünschten Situation, es entsteht eine innere Unstimmigkeit und die Wahrnehmung verengt sich. Im gegensätzlichen *being mode* wird der Fokus auf das Dasein und das Nicht-Bewerten gelegt, damit sich eine innere Erfahrung der Gegenwart abzeichnet, wodurch mehr Weite und Offenheit entsteht.

Mit Achtsamkeit ist es möglich, aus diesem leidvollen Handlungsmodus (*doingmode*) auszusteigen und in einen heilvolleren Seinsmodus (*beingmode*) zu gelangen. Gedanken und Gefühle werden getrennt wahrgenommen und dadurch folgt Erkenntnis, was geändert werden kann und was nicht (Lenzeder 2009: 50-51).

---

[5] http://www.mbsr-verband.de/information/mbct.html (Zugriff 26.10.2013)

4. 4. 3 Dialektisch-Behavoriale Therapie (DBT)

Marsha Linehan entwickelte die Dialektisch Behaviorale Therapie der Borderline-Persönlichkeitsstörungen (DBT) in den 1980er Jahren, um Menschen zu helfen, die mit den damals üblichen Therapien nur schwer erreichbar waren
(Lenzeder 2009: 53).
Sie war unter anderem eine der ersten, die Achtsamkeit zur Grundlage ihrer Therapie machte und war davon überzeugt dass nicht nur Klienten sondern auch Therapeuten Achtsamkeit erlernen und praktizieren müssen. *Die DBT konnte zeigen, dass Borderline-Klienten nicht „ untherapierbar" sind, sondern dass ihre Bedürfnisse in der Therapie meist nicht genügend verstanden und erfüllt wurden*[6]

Es wird angenommen, dass bei der kindlichen Entwicklung ein *invalidierendes* Umfeld fehlte. Dies bedeutet, dass ein Klima vorlag wobei die Gefühle des Kindes nicht gewürdigt wurden, missachtet oder verdreht wurden. Dadurch konnte das Kind nicht lernen, Gefühle zu benennen oder zu kontrollieren. Durch die Achtsamkeit lernen die Klienten die Überwindung der „Einseitigkeit", ihre diffusen Gefühle und den Verstand ins Gleichgewicht zu bringen, bewusster mit ihren Gefühlen umzugehen und wieder mehr Kontrolle über sich selbst zu erlangen (Stiglmayr et al. 2006: 280-285).

4. 4. 4 Acceptance and Commitment Therapie (ACT)

ACT ist eine Weiterentwicklung der kognitiven Verhaltenstherapie und wird auch als sogenannte „dritte Welle" der Verhaltenstherapie bezeichnet.

Darunter wird verstanden, dass sich die Verhaltenstherapie mit ihrem wissenschaftlichen Anspruch nun auch sehr komplexen Phänomen des menschlichen Verhaltens nähert, die ihr bisher mit den Prinzipien des Lernens von Konditionen und der kognitiven Verarbeitung schwer zugänglich waren.

---

[6] http://www.irremenschlich.de/aktuell/83-marsha-linehan-begruenderin-der-dbt-bekennt-sich-zu-eigener-erkrankung.html (Zugriff 20.10.2013)

Dazu gehören unter anderem Achtsamkeit, Akzeptanz, Spiritualität und persönliche Werthaltung. In der ACT werden Akzeptanz- und Achtsamkeitsstrategien für Verhaltensänderungen und ein engagiertes Handeln eingesetzt.

Ziel ist, durch Achtsamkeit die psychische Flexibilität zu erhöhen, um ein wertorientiertes Leben unter ständigem Wechsel der inneren und äußeren Lebensbedingungen zu gestalten (Sonntag 2006: 302-306). Dabei wird versucht, die *Funktion* der kognitiven Reaktionen zu modifizieren, indem der Betroffene Techniken erlernt, die ihn in die Lage versetzen, seine eigenen Gedanken gleichmütig („achtsam“) zu betrachten, ohne mit ihnen zu „verschmelzen“, d. h., ohne sie zu glauben oder zwangsläufig sein Verhalten an ihnen auszurichten[7]. Der Mensch lernt sich selbst anzunehmen, zu erkennen und seine Situation zu bewältigen. Einen großen Raum nimmt in einer Therapie nach dem ACT-Modell die Klärung von Werten und Lebenszielen ein, aus denen dann konkrete Handlungsabsichten (*commitments*) abgeleitet werden (Klingen 2010).

In jeder dieser oben aufgeführten Definitionen fällt die Schwerpunktsetzung anders aus: Die Definition von Kabat-Zinn knüpft am engsten an das buddhistische Verständnis der Achtsamkeit an, während die von Bishop und ihren Kollegen einen Versuch darstellt, dieses Konstrukt zu operationalisieren und somit wissenschaftlich einzuordnen (Ströhle 2006).

Ausgehend von den vorhin skizzierten und anderen Definitionen kann zusammenfassend gesagt werden: Achtsamkeit ist grundsätzlich Gewahrsein, aufmerksam sein im Hinblick auf die Erfahrungen des gegenwärtigen Augenblickes, im Hier und Jetzt.

Achtsamkeit heißt interventionslos bei den momentanen Objekten des Bewusstseins zu verweilen, sie auseinanderhalten, sie stets mit derselben Teilnahme zu betrachten und mit derselben Bereitschaft bei ihnen zu verbleiben, seien die resultierenden Empfindungen und Gefühle angenehm oder unangenehm (Weiss et al. 2010: 23-27)

---

[7] http://www.daslebenannehmen.de/41323/home.html (Zugriff 11.11.2013)

4. 4. 5 Körper-Psycho-Therapeutische Modelle

In einer entwicklungsorientierten Psychotherapie ist die Achtsamkeit in die Haltung und das Vorgehen des Therapeuten integriert, und je vertrauensvoller die therapeutische Beziehung, desto besser lernt der Klient seine Aufmerksamkeit nach innen zu richten. In der Körper - Psychotherapie wird mit aktivierten Gefühlen gearbeitet, daher wird Körperpsychotherapie auch als „erlebnisaktivierendes Verfahren" bezeichnet. Mit Hilfe der Achtsamkeit wird die Köperwahrnehmung des Klienten geschult sowie der Klient eingeladen, sein momentanes Befinden und Erleben körperlich oder sprachlich auszudrücken. Dadurch können die Gefühle mobilisiert, besser verstanden sowie neu im Bewusstsein integriert werden (Downing 1996). In den 1970er Jahren wurde in den körperorientierten Psycho-Therapien, wie z.B. Hakomi-Methode (Ron Kurtz) oder im Focusing (Gene Gendlin), die Achtsamkeit eingebunden. Dabei lernen die Klienten nicht nur über Inhalte ihrer Erfahrung und Traumata zu sprechen, sondern werden angeleitet ihr inneres Erleben zu erkunden (Andersen-Reuster 2009: 39).

4. 4. 5. 1 Hakomi

Hakomi wurde in den 70iger Jahren von Ron Kurtz entwickelt und ist ein körperbezogenes, tiefenpsychologisch fundiertes Therapieverfahren. Das Wort „Hakomi" ist ein Wort der Hopi-Indianer, dass in ihrer Sprache eine Frage und gleichzeitig eine Antwort bedeutet: „Wer bist du? - Der, der du bist!" Und genau dieser Übergang von der Frage zur Feststellung ist Gegenstand wachstumsorientierter Psychotherapie. Die fortschreitende (Wieder)entdeckung des Selbst ist die Aufgabe einer Therapie (Weiss et al. 1987: 7). Die Hakomi-Methode hat eine genau ausgeformte Arbeitsweise entwickelt, wie eine "heilende Beziehung" geschaffen werden kann, eine Arbeitsweise, die tief im gründlichen Verständnis des Konzepts der Achtsamkeit verwurzelt ist (Wallace 2012). Nicht das Reden über Inhalte, sondern das direkte Erleben im therapeutischen Prozess stehen im Mittelpunkt.

Hakomi wird den achtsamkeitsbasierten Verfahren zugeordnet, die den Klienten dabei helfen sollen, tiefe innere Einstellungen zu bestimmten Lebensbereichen aufzudecken. Die Entdeckung sowie die Neuorientierung des eigenen Selbst steht im Mittelpunkt des Prozesses (Weiss et al. 1987: 9-10). Mit Hilfe der inneren Achtsamkeit wird eine stabile Haltung des Bewusstseins aufgebaut. Diese erlaubt die Bestandteile und die Gestaltung des inneren Erlebens wahrzunehmen, zu erforschen und durch sehr differenzierte Wahrnehmung weiterzuentwickeln (Andersen-Reuster 2009: 69). Praktischen Übungen dienen dazu, Klienten zur Achtsamkeit zu ermutigen. Es bedarf ein feines Gespür des Therapeuten, um ein Gleichgewicht zwischen Vermittlung und Verfügbarkeit für den therapeutischen Prozess zu finden.

4. 4. 5. 2 Focusing

Über den achtsamkeitsbasierenden, therapeutischen Prozess hinaus entwickelte in den 1970iger Jahren *Eugene T. Gendlin* an der Universität in Chicago die Methode Focusing. Focusing ist ein Prozess der Kontaktaufnahme mit einem spezifischen, körperlichen Gewahrsein in unserem Inneren (Weber 2010: 64). Hintergrund war eine Untersuchung zum Therapieerfolg. Erfolgreiche Klienten verlangsamten während einer Therapiestunde irgendwann ihr Sprechtempo, drückten sich unklar aus, sie schienen nach Orten zu suchen und fühlten dabei in ihren Körper hinein, um eine schwer zu beschreibende Körperempfindung auszudrücken, die mit dem Problem zusammenhing (Eugene T. Gendlin 2002: 8). Diese Körperempfindung (Resonanz) wird im Focusing als *„Felt Sense"* bezeichnet und aktiv in die Arbeit mit einbezogen. Der Felt Sense drückt aus, wie der Körper ein bestimmtes Problem „trägt". Dabei werden Klienten angeleitet, sich ihrer körperlichen Resonanz *zu* einem bestimmten Thema im gegenwärtigen Moment gewahr zu werden - einem „Hineinspüren in seine innere Erlebniswelt" und bei ihr zu verweilen. Durch achtsames Wahrnehmen entsteht ein sogenannter *„Felt Sense"*, eine gefühlte Empfindung, deren Sinn und Bedeutung sich im Prozess entschlüsselt
(Wiltschko 2011: 63).

Die jeweiligen Empfindungen werden nicht einer sofortigen Analyse oder Bewertung unterzogen, sondern sie entfalten sich in einer nichtkognitiven oder sogenannten *„gespürten Bedeutung"* der Problemlösung, die danach aber kognitiv verarbeitet und eingeordnet wird.

Den Begriff Achtsamkeit hatte Eugene Gendlin in seiner Arbeit zwar nie benutzt, diesen führte erst Wiltschko in den 1990er Jahren als „absichtlose Achtsamkeit" in die Focusing-Sprache ein (Wiltschko 2001), aber die Art der Beobachtung körperlicher und emotionaler Vorgänge entspricht in wichtigen Bereichen dem achtsamen Vorgehen.

Diese Grundhaltung der Absichtslosigkeit und freundlichen Bereitschaft, diese Resonanz *(Felt Sense)* herankommen zu lassen, ist sogar eine wesentliche Voraussetzung im Focusing. Genauso ist es nötig in der Beratung als Begleiter die eigenen Intentionen, Absichten und Bewertungen loszulassen und den Prozess des Klienten zu begleiten und dabei gleichzeitig den eigenen *Felt Sense - zum* Prozess des Klienten wahrzunehmen (Wiltschko 1995: 19-20).

Der Focusing-Prozess nach Gendlin läuft in sechs Schritten ab, die fließend ineinander übergehen. Das sind: 1. Den Freiraum schaffen, 2. einen Felt Sense entstehen lassen, 3. einen Griff finden; 4. vergleichen; 5. Fragen stellen; 6. annehmen und schützen. Auf diese einzelnen Schritte möchte ich jetzt nicht im Detail eingehen, es würde den Rahmen dieser Arbeit sprengen. Sie sind aber u. a. im Buch von Eugen Gendlin sehr gut und ausführlich nachzulesen (Gendlin 2002).

Den 1. Schritt des „Freiraumsschaffens" möchte ich kurz genauer betrachten, da diese Bewegung als bestimmter Form der Achtsamkeit gerade in der Stressbewältigung besonders gut geeignet ist.

Dieser innere Freiraum verläuft nicht statisch, sondern dynamisch und wird durch unterschiedlichste äußere Einflüsse (zum Beispiel: ein Anruf mit einer schlechten Nachricht, Termine sind zu vollgepackt, Partnerprobleme, Rückenschmerzen, Probleme mit dem Chef usw.) schnell verändert.

Der Zustand eines *„inneren Freiraums"* muss und kann aber auch wieder neu hergestellt werden. Wenn das nicht passiert, kommt es irgendwann zu einer psychischen „Überladung" zur Müdigkeit, zu Konzentrationsschwierigkeiten, körperlichen Symptomen (siehe Kapitel 2) und dem Gefühl von „gestresst" sein. Focusing ist, wie oben schon beschrieben, eine bestimmte Form von Selbst-aufmerksamkeit, wobei eine Person ihre Aufmerksamkeit nach innen richtet und sich ihrer körperlich gespürten Resonanz von einem Problem oder Thema achtsam zuwendet.

Durch diese Zuwendung auf die jeweilige Resonanz entsteht ein „innerer Abstand" oder Freiraum wie Gendlin es beschreibt. In diesem wird das Gefühl „freigestellt" oder herausgehoben, anstatt sich davon überfluten zu lassen. Wiltschko schlug für diese Sichtweise den Begriff einer „innere Beziehung" vor. Er beschreibt es als innere Bewegung von „Ich bin (dieses Gefühl)" zu „ Ich habe (dieses Gefühl)".

Das bedeutet, statt sich mit den Gefühlen zu verstricken - wurde aufgeräumt und sich ein Überblick verschafft (Wiltschko 2011: 73). Es entsteht eine kleine „innere Pause", mehr Klarheit sowie die Möglichkeit einer bewussten Entscheidung für weitere Handlungen. *„Achtsamkeit und Focusing sind Haltungen und Verhalten, um „halten" zu können – statt sich mit ihnen zu identifizieren(...) es sind Werkzeuge um Inhalte wahrzunehmen, sie zu verstehen und neue Lösungsschritte für sich zu finden".* (Wiltschko 2001).

Für die Bewältigung von Stress bedeutet dieses „Freiraum schaffen" wieder ein Gefühl für sich selbst zu bekommen, ein wenig Abstand zu haben und ein Gefühl von Erleichterung und Entlastung zu erleben. Dadurch kann ein aktives Regulieren oder Bewältigen stattfinden sowie ein innerlicher und dann auch ein äußerlicher Umgang damit gefunden werden (Wiltschko 1996: 12-14).

4. 5 Gesundheitliche und gesellschaftliche Aspekte der Achtsamkeit

Die buddhistische Schrift Dhammapada (Sammlung von Aussprüchen des Buddha) beginnt mit den folgenden Worten: *„Vom Geist geführt die Dinge sind, vom Geist beherrscht, vom Geist geführt (...) wenn man verderbten Geistes spricht, verderbten Geistes Werke wirkt, dann folget ein Leiden nach (...)* (Nyanatiloka 1992: 14-15).

Diese Zeilen weisen auf eine entscheidende Bedeutung hin, die Gedanken, Gefühle und generell Bewusstseinsinhalte für das psychische Wohlergehen haben. Die Interpretationen des Erlebten spielen eine ausschlaggebende Rolle, wie wir reagieren.

In den letzten Jahren werden achtsamkeitsbasierte Verfahren nicht nur zur Bewältigung von Stress und Krankheit, sondern auch zur Steigerung des Wohlbefindens eingesetzt. Auch wenn sich das Konstrukt der Achtsamkeit noch in der Anfangsphase wissenschaftlicher Bearbeitung und der empirischen Forschung befindet, belegen in der Tat mehrere Studien eindrucksvoll die gesundheitlichen Effekte von achtsamkeitsbasierten Interventionen.

Empirische Studien

Die meisten Studien zur Achtsamkeit wurden im Zuge von Interventionsprogrammen wie MBSR durchgeführt. In einer Analyse von Grossmann, Niemann, Schmidt und Walach (2006) wurden Achtsamkeitsinterventionen auch *Prä-Post* untersucht, um die weiterreichenden Effekte von Achtsamkeit zu erfassen.
Dabei zeigt sich, dass achtsamkeitsbasierte Interventionen insgesamt einen positiven Einfluss auf das körperliche Wohlergehen ausüben, ebenso auch die Lebensqualität verbessern (Grossman et al. 2006).

Sauer (2009) beschäftigt sich in seiner Forschungsarbeit mit den Wirkfaktoren, insbesondere „der Verringerung von affektiver Reaktivität" durch Achtsamkeit. Affektive Reaktivität bezeichnet die Tendenz, auf affektive Reize (z.B. unangenehme Bilder) mit affektiven Reaktionen (z.B. negativen Gefühlen) zu antworten.

Dabei wurde festgestellt, dass neutrale und leicht negative Reize, also in schwächeren Situationen, sich ein größerer Effekt von Achtsamkeit manifestiert. Neutrale Stimuli stellen somit eine bessere Projektionsfläche für persönliche aversiv-affektive Reaktivität dar (Sauer 2009: 216). Nach aktuellem Forschungsstand zum Thema Achtsamkeit und ihre Bedeutung für die Gesundheit kann man sagen, dass Achtsamkeit einen positiven Einfluss auf das Wohlbefinden ausübt und die soziale Kondition ein wichtiges Element in der Förderung von Achtsamkeit darstellt. Es hat sich aber auch gezeigt, dass der Bedarf nach weiteren Studien und wissenschaftlicher Erklärung über den Zusammenhang zwischen Achtsamkeit und Gesundheit besteht (Lenzeder S.102).

Eine empirische Studie des Achtsamkeitskonzeptes wurde auch in dem Freiburger Fragebogen (FFA) erforscht. Dabei handelt es sich um ein quantitatives Verfahren zur Selbstbeurteilung. Das Ziel war ein ökonomisches und breit angelegtes Instrument zu erarbeiten, um dieses ganzheitliche Konstrukt in einzelne Elemente zu gliedern und es fassbar zu machen. Dabei wurde unterschieden zwischen Personen, die regelmäßig meditieren, und solchen die nur zeitweise meditieren.

Es zeigte sich eine Zunahme der Achtsamkeit nach intensiver Meditationserfahrung (Wallach et al. 2004).

Der Zusammenhang, zwischen psychischer Gesundheit sowie dem Üben von Achtsamkeit wurde auch von Claudia Bergomi bestätigt. Bei Personen mit einer besseren Fähigkeit zur Achtsamkeit ist der Zusammenhang zwischen Stress und körperlichen wie psychischen Symptomen weniger ausgeprägt. Auffällig ist die Entwicklung einer besseren Emotionsregulierung, d.h. eigene Gefühle zu bemerken und positiv beeinflussen zu können sowie trotz negativer Gefühle das Ziel nicht aus den Augen zu verlieren (Bergomi 2007).

Achtsamkeit und die Auswirkung auf die Gesellschaft

Weit weniger Beachtung haben jedoch die nicht primär gesundheitsbezogenen Effekte von Achtsamkeit wie Verbesserung von Entscheidungsfindung, Empathiefähigkeit, moralischem Empfinden und sozialen Interaktionen gefunden. Schließt man diese Möglichkeiten jedoch gezielt ein und begrenzt Achtsamkeit nicht nur auf Stressbewältigung, so erkennt man, dass hier viel Potenzial liegt, eine ganzheitliche Ressource für das private und berufliche Leben zu aktivieren (Kohls 2013: DVD).

Abb. 6 Achtsamkeit und Soziale Kompetenz/Quelle: Sylvia Glatzer

Versteht man Achtsamkeit in diesem Sinne, so kann man sie als eine Lebensressource definieren, die ein zentrales Wesensmerkmal von sozialer Kompetenz darstellt. Das was eine Gesellschaft braucht um zu funktionieren. Achtsamkeit ermöglicht emotionale und verhaltensbezogene Änderungen, und durch die Kultivierung des Bewusstseins wird ein innerer Kompass entwickelt (Kohls 2013: DVD), der es einem ermöglicht, in einer Gegenseitigkeit sich aufeinander einzulassen und sozial zu handeln. Oder wie Niko Kohl auf einem Vortrag über Achtsamkeit meinte: *„Eine Kultur, die keine Innerlichkeit hat, ist davon bedroht ihre innere Kohärenz zu verlieren und zu verfallen"* (Kohls 2013).

Für die Fragen von Moral und Ethik in Wirtschaft und Gesellschaft ist besonders das soziale Handeln von Bedeutung. Im Sinne einer ökonomischen Ethik durch verstärkte Interaktionswahrnehmung hat sich auch schon Georg Frank in seinem Buch „Ökonomie der Aufmerksamkeit" (Franck 1998) damit auseinander gesetzt.

Durch *Achten* und *Beachtetwerden* entsteht ein Faktor der sozialen Wertschätzung. Und im Sinne von sozialem Handeln durch Achten und Beachtet werden entsteht eine *kooperative Solidarität.* Damit wird auch deutlich, dass Achtsamkeit auch eine soziale Konstruktion ist und nicht bloß eine psychologische oder spirituelle Dimension hat (Belschner et al. 2007: 206).

5 Prävention von arbeitsbedingten Stress - Stressmanagement

„Die Art und Weise, wie eine Gesellschaft die Arbeit, die Arbeitsbedingungen und die Freizeit organisiert, sollte eine Quelle der Gesundheit und nicht der Krankheit sein. Gesundheitsförderung schafft sichere, anregende, befriedigende und angenehme Arbeits- und Lebensbedingungen."

Ottawa-Charta der WHO (1986)

Aufgrund der großen Bedeutung, die der Arbeit nicht nur für die Existenzsicherung, sondern auch für die Identitätsbildung des einzelnen Menschen in modernen Gesellschaften zukommt, spielen psychische Belastungen, die im Zusammenhang mit der Erwerbstätigkeit stehen, eine herausragende Rolle für psychisches Wohlbefinden und körperliche Gesundheit (Oppolzer 2009).

Die bekannteste und vermutlich am weitesten verbreitete Form von psychischer Fehlbelastung ist der Stress. Unter psychischer Belastung versteht man dabei die Gesamtheit aller erfassbaren Einflüsse, die von außen auf den Menschen zukommen und auf ihn psychisch einwirken (BAuA 2002: 10). Diese resultieren in der Regel aus unterschiedlichen Quellen. Dazu gehören die Arbeitsaufgaben, die Arbeitsorganisation, die Arbeitsumgebung, der Arbeitsplatz und die Arbeitsmittel sowie die sozialen Beziehungen am Arbeitsplatz (BGHW 2012: 5). Aber nicht nur am Arbeitsplatz ergeben sich psychische Belastungsfaktoren, sondern auch in der Familie und im Privatleben gibt es Einflüsse, die verarbeitet werden müssen.

Als psychische Beanspruchung bezeichnet man die individuelle, zeitlich unmittelbare, nicht langfristige Auswirkung der psychischen Belastung des Menschen in Abhängigkeit von seinen Voraussetzungen, einschließlich der individuellen Bewältigungsstrategien (BAuA 2002: 12).

„Psychische Beanspruchungen beinhalten informative, kognitive und emotionale Vorgänge im Menschen, die miteinander in Beziehung stehen und praktisch nicht getrennt behandelt werden können und sollten (...) Die Art und Intensität dieser Beanspruchungen ist zum einen abhängig von der Belastung, die auf den Menschen einwirkt und zum anderen von der aktuellen Verfassung (Kondition), den überdauernden Voraussetzungen (Konstitution), den Bewältigungsstrategien (Kompetenz und Qualifikation) und den inneren Einstellungen (Motivation) der Individuen" (Oppolzer 2011: 19).

Das Ziel eines präventiven Stressmanagements ist grundsätzlich zunächst einmal die Vermeidung bzw. Verringerung der objektiven Ursachen von Stress. Dabei zielen die sogenannten *primär-präventiven* Maßnahmen, wie sie auch im Arbeitsschutz vorgeschrieben sind, darauf ab, die Arbeitsbedingungen zu verändern. Dieser Ansatz wird auch als *Verhältnis-Prävention* oder organisationsbezogene Intervention bezeichnet.

Darüber hinaus sind aber auch *sekundär-präventive* Maßnahmen sinnvoll und hilfreich, durch welche die Auswirkungen von Belastungen vermieden oder abgemildert werden. Dieser Ansatz wird auch als *Verhaltens-Prävention* oder individuumbezogene Intervention bezeichnet (Batra 2012: 183-189). Diese Interventionen (Verhaltens- und Verhältnisprävention) können Teil der betrieblichen Gesundheitsförderung sein. Der Begriff der *Gesundheitsförderung* zielt ab auf die Beeinflussung von Einstellungen, Verhaltensweisen sowie Lebens-, Arbeits- und Umweltbedingungen mit dem Ziel, gesundheitsdienliche Ressourcen zu steigern und zu einer gesunden Lebensführung zu motivieren. Sie stehen in einem komplementären Verhältnis zu präventiven Behandlungs- und Pflegestrategien. Im Unterschied zu diesen zielen sie auf Aufklärung und Beratung des Individuums, mit dem Ziel, dessen Verantwortung für die Erhaltung von Gesundheit, Selbständigkeit und Selbstverantwortung zu fördern und so die Ausbildung eines Lebensstils, der etwa durch die Vermeidung von Risikofaktoren, gesunde Ernährung sowie regelmäßige körperliche und geistige Aktivität gekennzeichnet ist, zu erreichen.

Auf diesem Wege soll nicht lediglich das Auftreten von Erkrankungen reduziert werden (eine Zielsetzung, die bei der Primärprävention im Vordergrund steht), sondern darüber hinaus auch ein substantieller Beitrag zu psychischem Wohlbefinden, Selbstvertrauen und Bewältigungskompetenz geleistet werden."

Die betriebliche Gesundheitsförderung (BGF) wurde erst in den 1980er Jahren vor allem von der WHO angestoßen und von einigen Krankenkassen und auch von Berufsgenossenschaften unterstützt (Bamberg et al. 2003: 107). Diese Art von Maßnahmen wird von den Unternehmen im wirtschaftlichen Eigeninteresse und aus sozialer Verantwortung durchgeführt, *ohne* dass es eine *rechtliche Verpflichtung* etwa durch das ArbG oder das SGB VII dazu gibt.

Die betriebliche Gesundheitsförderung stellt ein System von Maßnahmen dar, das den öffentlich-rechtlichen Arbeitsschutz *ergänzen* soll (§ 20a Abs. 2, Satz 1 SGB V). Ist der Schwerpunkt des gesetzlichen Arbeitsschutzes in der Regel die Verhältnis-Prävention (v.a. ArbSchG), so ist die Verhaltens-Prävention meist schwerpunktmäßig Gegenstand der betrieblichen Gesundheitsförderung (z.B. § 20a SGB V). Dabei ist zu erwähnen, dass es trotz zunehmender Bedeutung der Verhaltensprävention bislang keine umfassenden Rechtsgrundlagen zu eben dieser Verhaltensprävention gibt.

Die am 1. April 2007 in Kraft getretene Neufassung der §§ 20 Abs. 1 und 2 sowie 20a und 20b SGB V (Primärprävention) geben den Krankenkassen einen größeren Handlungsrahmen in der Umsetzung der Interventionen in der betrieblichen Gesundheitsförderung (IKK 2008), weil danach die Unterstützung der betrieblichen Gesundheitsförderung zu einer Regelleistung für die Träger der Gesetzlichen Krankenversicherung geworden ist.

5. 1 Organisationsbezogenes Stressmanagement: „Verhältnis-Prävention“

Das organisationsbezogene Stressmanagement, auch strukturelle Prävention genannt, setzt an den betrieblichen Arbeitsbedingungen an. Es bezieht sich auf die jeweiligen Bedingungen und Strukturen der Arbeitsgestaltung. Die richtigen Indikationen sind von vielen Einflussfaktoren abhängig. Daher ist es wichtig, diese Bedingungen sowie die Auslöser der Stressquellen genau zu identifizieren, was wiederum eine genaue Analyse der Arbeitsmerkmale in der Organisation voraussetzt. Darüber hinaus ist es notwendig, den Zusammenhang zwischen Stressoren und Ressourcen zu erarbeiten sowie die Stresswirkungen zu bestimmen, um eine richtige Intervention anzubieten (Bamberg et al. 2003: 111). Unterteilt werden die Interventionen in:

a) Vermeidung von Risiken und Begrenzung von Belastungen

Um Krankheiten und Stress am Arbeitsplatz zu vermeiden, ist der Arbeitgeber nach dem Arbeitsschutzgesetz (GAS) verpflichtet, Maßnahmen zur Gestaltung von sicheren und gesundheitsgerechten Arbeitsbedingungen einzuführen. Dazu gehören die Vermeidung oder Verringerung von Lärm, schweren Lasten, Zeit- und Termindruck, menschengerechte Arbeitszeiten, Vermeidung von chemischen Einflüssen und Gefahren usw. Durch diese organisatorischen Maßnahmen werden das Wirksamwerden einer Gefahr oder Unfälle verhindert (Braun 2004: 88-92).

b) Schaffung und Förderung von Ressourcen

Häufig werden in Unternehmen Ernährungsseminare und Rückenschulen als ausschließliche Maßnahme zur Gesundheitsförderung angesehen, allerdings kommt dabei die verhältnisbezogene Perspektive zu kurz.

Wenn aber die organisatorische Seite nicht für die entsprechenden Rahmenbedingungen sorgt, kann das theoretische Wissen der Mitarbeiter nicht erfolgreich umgesetzt werden, da dazu auch Änderungen am Arbeitsplatz jedes Einzelnen notwendig sind. Gesundheitsförderung im weiteren Sinn zielt nicht nur auf die Verhütung von Krankheit und Unfällen sondern darüber hinaus auch auf die Vermehrung salutogener Interventionen (Braun 2004: 121-125).

Für die Umsetzung dieser Projekte ist es nötig, in bestehende betriebliche Abläufe einzugreifen und diese gegebenenfalls auch zu verändern. Um diese Projekte umzusetzen, bedarf es Angeboten zur Ausbildung und Qualifikation für eine bestimmte Arbeit oder Position. Mit dem Ziel, viele Leute aus verschiedenen Berufsgruppen kontinuierlich zu trainieren, zu aktualisieren und ihre Fähigkeiten auszubauen, dabei ihre Kompetenzen zu fördern, insbesondere ihre Handlungs- und Entscheidungsspielräume sowie Unterstützung und Transparenz von Vorgesetzten zu erhalten (Batra et al. 2012).

5. 2 Individuumbezogenes Stressmanagement: „Verhaltens-Prävention"

Die letzte, der menschlichen Freiheiten,
besteht in der Wahl der Einstellungen zu den Dingen
Viktor Frankel (1905 – 1997)

Das individuumbezogene Stressmanagement oder auch personale Prävention genannt stellt den Hauptteil an Stressmanagementprogrammen dar. Durch Förderung von Information und Motivation setzt es an subjektiven, d.h. am personenbezogenen Arbeits- und Gesundheitsverhalten an. Diese Maßnahmen und Interventionen zielen auf einen gesunden Lebensstil des Einzelnen ab, um Verhaltens- und Einstellungsweisen zu erkennen sowie Verarbeitungsformen und Bewältigungsstrategien gegenüber möglichen Stressoren zu erlernen (Bamberg et al. 2003: 107-108). Der Begriff der Gesundheitsförderung bezieht sich auf die gezielte Beeinflussung von Einstellungen, Verhaltensweisen sowie Lebens-, Arbeits- und Umweltbedingungen mit dem Ziel, gesundheitsdienliche Ressourcen zu steigern und zu einer gesunden Lebensführung zu motivieren. Sie stehen in einem komplementären Verhältnis zu präventiven Behandlungs- und Pflegestrategien.

Im Unterschied zu diesen zielen sie auf Aufklärung und Beratung des Individuums, mit dem Ziel, dessen Verantwortung für die Erhaltung von Gesundheit, Selbständigkeit und Selbstverantwortung zu fördern und so die Ausbildung eines Lebensstils, der etwa durch die Vermeidung von Risikofaktoren, gesunde Ernährung sowie regelmäßige körperliche und geistige Aktivität gekennzeichnet ist, zu erreichen.

Auf diesem Wege soll nicht lediglich das Auftreten von Erkrankungen reduziert werden (eine Zielsetzung, die bei der Primärprävention im Vordergrund steht), sondern darüber hinaus auch ein substantieller Beitrag zu psychischem Wohlbefinden, Selbstvertrauen und Bewältigungskompetenz geleistet werden.

Unterteilt werden können diese Interventionen in zwei Bereiche: Einerseits *Vermeidung von gesundheitsschädlichem Verhalten* wie z.B. Informationen über Fehlernährung und Angeboten zu gesundem Essen, Rauchen und Rauchentwöhnung, Bewegungsmangel oder richtigem Sitzen am Arbeitsplatz. Und andererseits *Förderung von gesundheits-förderlichem Verhalten* wie z.B. Vorsorgeuntersuchungen (Sehen, Gesundheitschecks), Entspannungsangebote (Massagen, Shiatsu, Meditation) oder Bewegungsangebote (Qigong, Schwimmen; Rückenkurse). Arbeits- und Gesundheitsschutz geht demnach heute von einem ganzheitlichen Gesundheitsbegriff aus, der im engen Zusammenhang mit physischen, psychischen und sozialen Faktoren steht (Oppolzer 2010: 54-55). Im Gesundheitsmanagement sind die Risiken von Beeinträchtigungen durch Stressoren sowie die Möglichkeiten zur Bewältigung eng mit den Lebens- und Arbeitsbedingungen verbunden.

Eva Bamberg beschreibt dies mit dem *magischen Dreieck von Anforderungen, Belastungen und Ressourcen* (vgl. hierzu und zum Folgendem:
Bamberg et al. 2003: 14).

Anforderungen: Was braucht eine Person, um ihr Ziel zu erreichen und Stress gut zu bewältigen? Welche kognitiven, emotionalen und motorische Prozesse sind nötig und können entwickelt werden?

Belastungen: Welche Bedingungen sind vorhanden, die eine Durchführung der Aufgaben erschweren? Wie sehen die äußeren Bedingungen der Situation aus und auch die persönliche oder innere Definition der eigenen Normen und Werte der Betroffenen?

Ressourcen: Ressourcen sind unsere Fähigkeiten und unser Umfeld, die wir mitbringen, auf die wir uns verlassen können. Welche innere Fähigkeiten und Fertigkeiten sind vorhanden, aber auch äußere wie Familie und soziales Netzwerk, um kompetent mit Anforderungen und Stressoren umgehen zu können?

Für ein erfolgreiches Stressmanagement ist es wichtig, Anforderungen, Belastungen und Ressourcen im Unternehmen immer wieder genau zu definieren, damit Veränderungen und Wirkungen überprüft werden können. In den vielen Jahren der Stressforschung haben sich auch drei ergänzende Ansätze des Stressmanagements durchgesetzt. Sie werden bezeichnet als das instrumentelle, kognitive und das palliativ-regenerative Stressmanagement. Diese beschreibt Gert Kaluza auch als die *drei Säulen der Stressbewältigung* (Kaluza 2012: 85-174).

5. 2. 1 Instrumentelles Stressmanagement

Instrumentelles Stressmanagement dient in erster Linie zur Aufdeckung und Reduktion individueller Stressoren sowie deren Bearbeitung zur Verbesserung des Selbstmanagements mit Einbezug von Zeitmanagement und Arbeitsorganisation. Es setzt an den Stressoren an, mit dem Ziel, diese zu reduzieren oder ganz auszuschalten, z. B. durch organisatorische Verbesserung des Arbeitsbereiches, Umstrukturierung in der Organisation, durch Veränderung von Arbeitsabläufen, Fortbildungsangebote, genauso wie Nein sagen lernen, persönliche oder berufliche Prioritäten setzen und delegieren lernen, um sich realistisch einschätzen zu können. Instrumentelles Stressmanagement kann sowohl auf konkrete, aktuelle Belastungssituationen (reaktiv) als auch auf die Verringerung oder Ausschaltung zukünftiger Belastungen (präventiv) ausgerichtet sein. Mit Hilfe subjektiver Arbeitsplatzanalysen werden zentrale Aspekte eines Arbeitsplatzes identifiziert und darauf aufbauend Anforderungsprofile erstellt. Damit instrumentelles Stressmanagement gelingt, benötigt man genügend Sach- sowie sozial-kommunikative Kompetenzen für den Aufbau eines unterstützenden Netzwerkes (Kaluza 2012: 88).

5. 2. 2 Palliativ-regeneratives Stressmanagement

Beim palliativ-regenerativen Stressmanagement steht die Regulierung und Kontrolle der körperlichen und psychischen Stressreaktion im Vordergrund. Hier kann unterschieden werden zwischen solchen Bewältigungsversuchen, die zur kurzfristigen Erleichterung und Entspannung auf die Dämpfung einer akuten Stressreaktion abzielen (*Palliation*) sowie längerfristigen Bemühungen, die der regelmäßigen Erholung und Entspannung (*Regeneration*) dienen. Damit ist aber kein passives Pausieren gemeint, sondern es sollte eine bewusste Balance zwischen Arbeit und Freizeit (*Work-Life-Balance*) geschaffen werden, um seine Erholung aktiv zu gestalten. Viele Beschäftigte neigen dazu, sich unter Belastung zurückzuziehen und ausgleichende Freizeitaktivitäten hintenan zustellen. Andere dagegen geraten in die sogenannte „*Freizeitfalle*". Sie gestalten ihre „*freie Zeit*" mit den selben Anforderungen wie Leistungsorientiertheit, Konsumzwang und Ehrgeiz, wie sie es aus der Arbeitswelt kennen (Kaluza 2012: 144-145). Entspannung finden kann man durch sogenannte *aktive* sowie *passive* Entspannungsverfahren. Eine Einteilung der Entspannungstechniken kann wie folgt getroffen werden:

1. nach dem Aspekt der Unterscheidung von körperlicher Aktivität oder Passivität.

Zu den *aktiven* Verfahren gehören dabei unter anderem die Progressive Muskelentspannung nach Jacobsen, Yoga, Tai Chi und Qi Gong. Zu den *passiven* Verfahren z. B. Autogenes Training und Meditation.

2. nach der Methode der Entspannungsinduktion.

Sie hängt davon ab, ob die Veränderung vorwiegend stattfindet über:

a) den körperlichen Bereich wie z. B. klassische Massagen oder Shiatsu.

b) den kognitiv-mentalen Bereich zur Gewinnung von mentaler Stärke wie Verhaltenstherapie oder z.B. Focusing (siehe Kapitel auch 4. 4. 5. 2).

Ein weiterer Überblick über die einzelnen Methoden ist in der entsprechenden Fachliteratur ausführlich nachzulesen (Bamberg 2003: 122-125). *Shiatsu* jedoch ist noch eine eher unbekannte und teilweise noch nicht erforschte Methode im Stressmanagement - daher soll es hier ausführlicher behandelt werden.

Shiatsu kennen die meisten Menschen in Deutschland unter dem Begriff „Shiatsu-Massage". Doch *Shiatsu* ist mehr als eine Massagetechnik und verfügt über eine lange Geschichte und Entwicklung. *Shiatsu* ist eine ganzheitliche Gesundheitsförderung, die sich aus der traditionellen fernöstlichen Philosophie, ihrer Lebenskunst und ihrem Gesundheitsverständnis bis zu einer heutigen sehr feinen energetischen und therapeutischen Körperarbeit entwickelte (Schrievers 2004).

Im alten China wurde das so genannte „Daoyin" praktiziert. Es handelt sich dabei um ein System, bestehend aus Massage, Druckpunkttechniken sowie Bewegungs- und Atemübungen, das der „Entgiftung und Verjüngung" des Körpers diente (Glatzer 1997). Im Laufe der Jahrhunderte wurde die ursprüngliche Form des Daoyin von den verschiedensten Einflüssen geprägt. Es entstanden frühe Massageformen, die in Japan, Anma bezeichnet wurden oder in China bis heute Tuina genannt werden (Lundberg 1992).

Shiatsu orientiert sich in der Theorie an der Lehre der *„Fünf Elemente"* (Rappenecker 1996) oder auch *„Wandlungsphasen"* genannt. Diese bezeichnen eine taoistische Theorie zur Naturbeschreibung. Die Fünf-Elemente-Lehre untersucht die Gesetzmäßigkeiten, nach denen dynamische Prozesse (Wandlungen) im Bereich des Lebendigen ablaufen.

Außerdem ist sie an dem energetischen Prinzip von *Yin* und *Yang* (einander entgegengesetzte aufeinanderbezogene Kräfte) sowie an der Theorie *Kyo* und *Jitsu* angesetzt. Dieses Prinzip könnte man beschreiben als Ursache und Wirkung oder Bedürfnisse des Körpers – Kyo, in Beziehung zu seinen sich oberflächlicher zeigenden Anpassungsreaktionen (auf dieses Bedürfnis) - Jitsu.

Eine Kyo/Jitsu-Reaktion in den Meridianen stellt eine Ausdrucksform der Gesundheit dar, die man wahrnehmen und durch Berührung leiten kann (Lundberg 2013). Diese Erkenntnisse sind Grundlage sowohl für die energetische Diagnose wie auch für die *Shiatsu* Behandlung (Beresford-Cooke 1996: 112-117).

Obwohl seine Ursprünge in China zu finden sind, hat sich diese Form der Körperarbeit in Japan weiterentwickelt und sich in den 1970iger Jahren in die USA sowie später nach Europa weiter verbreitet. An der Verbreitung von *Shiatsu* im Westen war maßgeblich Dr. Shizuto Masunaga beteiligt.

In seinem Heimatland Japan war Masunaga Shiatsu-Therapeut und Professor für westliche Psychologie. Er erweiterte das klassische Meridian-System, entwickelte die Diagnosemöglichkeiten und durch sein Psychologiestudium billigte er der emotionalen Situation eines Menschen eine eigenständigere Rolle zu, als es dem traditionellen japanischen Bild entsprach. Dabei spielt die individuelle Lebenssituation eines Menschen und seine Emotionen eine wichtige Rolle. Im heutigen, im Westen praktizierten *Shiatsu,* sind unterschiedliche Stile zu erkennen.

Die Grundlage ist die Vorstellung von der Existenz einer dynamischen Lebensenergie *(chin. „Qi"),* die in einem weitvernetzten System, den sogenannten „Meridianen“ in unserem Körper vorhanden ist. Durch Berührung sind die Meridiane an der Oberfläche der Haut direkt erreichbar und haben die Eigenschaft, auf Berührung zu reagieren. Die spezifisch abgestimmte Qualität der Berührung mit einen klaren Fokus auf den jeweiligen Energiezustand hat im *Shiatsu* mit seiner ruhigen und entspannten Arbeitsweise das Ziel, die Balance der Lebenskraft herzustellen und Gesundheit zu erhalten (Rappenecker 1990: 11-12). Die körperliche, seelische und geistige Befindlichkeit eines Menschen ist dabei Ausdruck der Verteilung und des Flusses dieser Lebenskraft. Das Wort *"Shiatsu"* bedeutet übersetzt „Fingerdruck“ *(japan.).* Während der Behandlung werden zunächst die Energiebahnen wahrgenommen, durch sanfte Berührungen ertastet, um dann mit Fingern, Handflächen und Knien dort leichten „*Druck*“ auszuüben, wo Energiebahnen im Körper fließen. Mit Druck ist aber dabei kein *„Aktives Anstrengen“* gemeint, sondern mehr ein achtsames *„Passives Einsinken“* in den jeweiligen Körperbereich. Diese sanfte Stimulation hilft Blockaden zu lösen und den Körper zu entspannen. Dadurch werden wieder Ruhe und ein inneres Gleichgewicht hergestellt.

Shiatsu und Stressbewältigung

Shiatsu stimuliert das autonome Nervensystem mit Schwerpunkt auf den Parasympatikus und hat somit eine ausgleichende (beruhigende oder belebende) Wirkung[8]. In der Stressbewältigung oder beim Verdacht auf Burnout, wird eine hohe Erregung des Nervensystems deutlich spürbar, und dies drückt sich in unterschiedlichen psychischen wie körperlichen Symptomen aus. Durch die Behandlung mit *Shiatsu* entsteht wieder ein inneres Gleichgewicht bei den Betroffenen, Stresssymptome verschwinden, körperliche Beschwerden werden vermindert, eine nachhaltige Veränderung des Wohlbefindens tritt ein sowie eine innere Ruhe und Zuversicht werden von Betroffenen beschrieben[9].

Es wird dabei nicht, wie oft fälschlicherweise angenommen, Energie zugefügt oder weggenommen, sondern die Berührungen unterstützen eine Neuverteilung der Energie. Nach der westlichen Wissenschaft gibt es allerdings noch keine eindeutigen Beweise für die Existenz von Meridianen, unter anderem auch deswegen, da die sogenannten „Doppelblindstudien" in diesem Fall methodisch nicht durchführbar sind.

Im Unterschied zu Medikamentengaben begründet sich *Shiatsu* auf einer individuellen sich situativ-prozesshaft entwickelnden Arbeitsweise. Daher können keine standardisierten Verfahren, die immer wieder angewendet werden könnten, beschrieben werden. In verschiedenen Ländern wie Schweiz, Österreich, Großbritannien und Frankreich wurde aber in mehreren Studien die Wirkung von Shiatsu eindeutig nachgewiesen Peter Itin fasste diese zusammen und veröffentlichte sie im Schweizer Shiatsu Verband (Itin 2009).

---

[8] http://www.shiatsu-austria.at/frame_einfuehrung.htm (Zugriff 17.11.2013)

[9] http://www.welt.de/gesundheit/medizin-ratgeber/article111928842/Mit-Shiatsu-Stress-schonend-bekaempfen.html?config=print# - Zugriff 22.11.2013)

In den verschiedenen Anwendungsgebieten wie z.B. chronische Schmerzen, Erschöpfungszustände und Stress, in der Onkologie aber auch bei Asthma, Athritis, Aids und Panikattaken usw. wurde in mehreren Fallberichten eine Verbesserung der körperlichen und seelischen Beschwerden nachgewiesen. *„Durch die tiefe Entspannung wird die Homöostasefähigkeit des Organismus wieder hergestellt und somit Gesundheit, Wohlbefinden und Lebensqualität wieder zurückgebracht"* (Itin 2009).

Die Wirkung und Behandlungsmöglichkeiten von speziellen Krankheiten sowie die Bedeutung von Gesundheit beschreibt auch schon Shizuto Masunaga in seinem Standardwerk „Meridiandehnungsübungen" (Masunaga 1999: 185-203). Dabei ist aber auch darauf hinzuweisen, dass Shiatsu in Japan als eigenständige Heilmethode anerkannt ist.

Shiatsu und Achtsamkeit

Achtsamkeit oder auch Absichtslosigkeit, wie es in Shiatsu genannt wird, ist ein wesentliches Charakteristikum in dieser Arbeit und die Vorrausetzung für die Neutralität und das wertungsfreie Wahrnehmen wie Erkennen einer Person und ihrer Verfassung (Prozess). Die Berührung in der Shiatsu-Behandlung ist gekennzeichnet von dem Prinzip des "*Tun im Nicht-Tun*", das bedeutet ein absichtsloses *Präsentsein,* wie es im Kapitel Achtsamkeit schon beschrieben wurde. Diese Haltung bietet einen achtsamen „Ruheraum", es entsteht eine Beziehung, ein *Dialog,* der eine große Bedeutung für eine gezielte und individuelle Behandlung sowie ihre Wirkung im Shiatsu hat (Rappenecker 1990: 13). Die Wirkung fördert eine bessere Selbstwahrnehmung, um eigene Ressourcen zu erkennen sowie die Signale des Körpers und der Seele besser zu verstehen. Die Eigenwahrnehmung ist vor allem die Bedingung dafür, ein Problembewusstsein zu entwickeln und eine selbstverantwortliche Gesundheitspflege aktiv zu gestalten (GSD).

Die Überschneidungen des Phänomenbereiches der Achtsamkeit mit *Bubers* Konzeption der Gegenwärtigkeit sind hier auffällig. Die Gesetzmäßigkeit des „inneren Dialoges“ beschreibt Martin Buber als Beziehung von „*Ich und Du*“ d.h. Absichtslosigkeit als unmittelbare Begegnung einer Grundhaltung für Bewusstsein und Entwicklung (Buber 1997).

Zusammengefasst kann man bezogen auf das Stressmanagement sagen: Shiatsu stärkt das Bewusstsein für Selbstverantwortung. Es unterstützt die Selbstwahrnehmung und die ressourcenbezogene Handlungskompetenz im Sinne von Salutogenese (Gesundheitsentstehung), Resilienz (Widerstandsfähigkeit) und Empowerment (Ermächtigung selbstverantwortlich zu handeln).

Entspannung entsteht demzufolge nicht nur durch ein „Abschalten“ und „Ausruhen“, sondern vielmehr durch eine differenzierte und achtsame Auseinandersetzung mit sich selbst. Die sogenannten Entspannungsmethoden fördern somit zwar die Entspannungsfähigkeit und sind damit eine wichtige Intervention im individuumsbezogenen Stressmanagement. Die Fähigkeit sich zu entspannen, setzt aber auch mentale Entspannung voraus sowie ein Bewusstsein dafür, seine eigenen körperlichen, seelischen und mentalen Bedürfnisse zu bemerken und darauf zu achten (Bamberg et al. 2003: 122).). Shiatsu könnte demnach als effektive Methode im Palliativ-regenerativen Stressmanagement bezeichnet werden.

5. 2. 3 Kognitives Stressmanagement

Kognitives Stressmanagement zielt auf eine Änderung von persönlichen Motiven, Einstellungen und Bewertungen also zur Umwandlung ungünstiger Denkmuster und Gewinnung von mentaler Stärke. Auch hier können sich die Bewältigungsbemühungen auf aktuelle Bewertungen in konkreten Belastungssituationen oder auf situationsübergreifende, habituelle Bewertungsmuster beziehen. Diese bewusst zu machen, kritisch zu reflektieren und in stressvermindernde Bewertungen zu transformieren, ist das Ziel kognitiver Interventionsansätze der Stressbewältigung (Kaluza 2012: 89).

Kern dieses Ansatzes ist es, persönliche Einstellungen und Bewertungen konstruktiv zu verändern. Konkret bedeutet dies, dass eine Erleichterung eintritt, wenn der von Stress und Burn-out geplagte Mensch, lernt, die täglichen Anforderungen anders zu sehen.

Ob jemand persönlich Stress erlebt, hängt nicht nur von den äußeren Stressoren im Alltag ab, sondern auch von Ihren eigenen inneren Bewertungen (kognitive Ebene) sowie von Ihren individuellen körperlichen Reaktionen. (Batra et al. 2012).

Besonders die kognitive Ebene, d.h. die eigenen stressverschärfenden Gedanken, Glaubensüberzeugungen und daraus resultierenden Verhaltensweisen wie z. B. Perfektionismus können zu Stressfallen werden. Folglich zielen viele vor allem kognitiv-behaviorale Interventionen darauf ab, situative Bewältigungskompetenzen zu verbessern und Einstellungen zu verändern. Die kognitive Verhaltenstherapie bietet dafür unterschiedliche Techniken wie z.B. Rollenspiele, Verhaltens- und Bewusstmachungsübungen oder systemische Darstellungen an.

Die Ziele der Kognitiven Verhaltenstherapie sind also, unbewusste Denkmuster und automatische Gedankenabläufe mit Hilfe der Selbstbeobachtung bewusst zu machen (Bamberg et al. 2003: 114). Auf dieser Beziehung zwischen den Anforderungen einer Situation und den Reaktions- und Erlebnismöglichkeiten einer Person bauen auch, wie schon beschrieben (Kapitel 4.4), die unterschiedlichen Modelle der Achtsamkeit auf.

Auch in den körperpsychotherapeutischen Ansätzen (z.B. Focusing siehe Kapitel 4. 4. 5. 2) wird mit Hilfe der Achtsamkeit die Selbstreflexion trainiert. Gert Kaluza schreibt dazu: *"Mentale Stresskompetenz beinhaltet die Fähigkeit, Kontrolle über die eigenen häufig automatisierten stressverschärfenden Gedanken zu gewinnen (...) Bewertungen zu hinterfragen (...) und neue Einstellungen entstehen zu lassen, die unterstützend, konstruktiv und motivierend wirken. "*(Kaluza 2012: 122).

Fazit

Möglichkeiten und Grenzen des Stressmanagements durch Achtsamkeit

So vielfältig und individuell unterschiedlich das Stressgeschehen ist, so unterschiedlich sind die Methoden und die Erfolge im Umgang mit Belastungen. Mittlerweile gibt es ein breit eingesetztes Stressmanagement, das meist aus der Soziologie oder der Psychologie heraus entwickelt und durch langjährige Forschungstätigkeiten unterstützt und in Forschungsprojekten erweitert wurde.
Neben der Verhältnisprävention, also der menschen- und gesundheitsgerechten Gestaltung der Arbeitsbedingungen, die im Mittelpunkt der Prävention von Stress stehen muss, weil sie an die Ursache des Problems, sozusagen an die Wurzeln geht, kann auch die Verhaltensprävention einen wichtigen Beitrag zur besseren Bewältigung der Beanspruchungsfolgen von Stress leisten.

Methoden der Achtsamkeitsschulung haben sich als Weg der gezielten Schulung der Persönlichkeit im Rahmen von Stressbewältigungsprogrammen und Behandlungskonzepten für stressbedingte Erkrankungen als wirkungsvoll erwiesen.

Anhand der in dieser Arbeit aufgeführten aktuellen Studienergebnisse kann man erkennen, welche Bedeutung eine Haltung der Achtsamkeit für die somatische, emotionale, kognitive, soziale, ökologische und spirituelle Dimension von Gesundheit haben kann. Dabei dient Antonovskys ressourcenorientiertes Salutogenesekonzept als die wichtigste Grundlage für ein ganzheitliches Modell der Gesundheitsentwicklung.
Die Beschäftigung mit dem Erhalt der Gesundheit (Salutogenese) sowie einem konstruktiven Umgang mit erhöhter Stressbelastung sowie der Fähigkeit, mit innerer Ruhe die vielfältigen Lebensaufgaben zu bewältigen, sind mittlerweile zu wichtigen Themen der Gesundheitsvorsorge geworden.

Dabei ist die Tradition der Achtsamkeitspraxis als wirksame Methode zur Stressbewältigung wieder entdeckt worden. Sie verändert nicht nur die Symptome, sondern vor allem die Einstellung und die Sicht des Individuums auf die Symptome. Das bedeutet, Achtsamkeit fördert die eigene Handlungsfähigkeit und dadurch die Bereitschaft und die Fähigkeit, mit den bestehenden Symptomen besser und vor allem bewusster umzugehen.

Im betrieblichen Gesundheitsmanagement sollten daher Konzepte für die Entwicklung persönlicher Kompetenzen unter anderem an der Förderung von Achtsamkeit ansetzen. Entspannung und mentaler Selbstschutz wie z.B. Qigong, Yoga, Massagen, Meditation, Akupunktur, Shiatsu sind seit vielen hundert Jahren eine effiziente Grundlage für die Prävention und Bekämpfung von Stress und seinen negativen Auswirkungen auf die Gesundheit.

Shiatsu als anerkannte Methode der Komplementär-Therapie unterstützt die natürlichen Selbstregulierungskräfte des Körpers. Die durchgeführten Fallstudien über die gesundheitsfördernde Wirkung belegen, dass *Shiatsu* im Stressmanagement präventiv, palliativ und auch kurativ hervorragend eingesetzt werden kann. Gleichwohl wird es bisher erst in wenigen Bereichen angewendet. Die Gründe dafür sind, wie z.B. Beate Ingenabel, Dozentin für Traditionelle Chinesische Medizin (TCM) an der Universität Witten/Herdecke sagt, meist zu *hohe Kosten*; die Krankenkassen weigern sich, für eine Shiatsu-Sitzung zwischen 40 bis 60 Euro zu übernehmen. Hinzu kommt der *Zeitmangel,* die Dauer einer Sitzung liegt zwischen 45 und 90 Minuten, und vor allem die *Skepsis,* dass Berührung und „ein wenig Massage“ eine gewünschte Wirkung erzielen können (Schneider 2003/zeit.de).

Im Focusing wird die Achtsamkeit zum Aufspüren persönlicher Bedeutungen und *lebensfördernder* persönlicher Entwicklungsschritte genutzt. Dazu wird die Aufmerksamkeit bewusst auf körperlich gespürte Resonanzen gelenkt. Dabei handelt es sich um Resonanzen, die im Zusammenhang mit Lebensthemen, Erreignissen und Personen entstehen und im Alltag meist unbemerkt bleiben.

Das Konzept der Achtsamkeit stellt daher in diesem Zusammenhang eine wichtige und interessante Bereicherung sowohl im Rahmen des palliatv-regenerativen Stressmanagements, als auch des kognitiven Stressmanagements dar.

Bezieht man diese Überlegungen auf die arbeitsweltbezogene Prävention, so ist zu berücksichtigen, dass die Arbeitsbedingungen, die Belastungen und die Anforderungen an Mitarbeiter sich mit dem Übergang von der Industrie- zur Dienstleistungsgesellschaft- und globalen Informationsgesellschaft erheblich verändert haben. Physische Belastungen sind durch den Einsatz von Maschinen stark zurückgegangen und auch die Vermeidung von Gefahrenstoffen am Arbeitsplatz wird als selbstverständlich genommen. Dagegen haben die psychischen, mentalen, emotionalen und sozialen Arbeitsbelastungen nicht zuletzt vor dem Hintergrund der Globalisierung stark zugenommen.

Man könnte sagen, dass sich in den letzten Jahren eine neue "Gesundheitswissenschaft" entwickelt. Es geht dabei nicht nur um das Funktionieren und Reparieren seelischer und körperlicher Beschwerden, sondern darüber hinaus um die Entfaltung unserer Potentiale und um die Förderung unseres persönlichen Wachstums. Wir lernen immer mehr, unsere Erfahrungen in einem größeren Zusammenhang zu verstehen, auf befriedigendere Weise zu kommunizieren, besser mit Stress umzugehen und bewusster unsere Gesundheit zu regulieren.

Aus ökonomischer Sicht stehen aber Veränderungen der Verhältnisse immer im Konflikt zwischen wirtschaftlichen und gesundheitsförderlichen Interessen. Im Rahmen einer ausgewogenen und gleichgewichtigen Gesundheitsförderung sollten sowohl bedingungs- als auch personenbezogene Interventionen zur Geltung gebracht werden, da sie sich wechselseitig fruchtbar ergänzen können.

In Studien zeigt sich (Karasek 1992/ in Bamberg et al. 2003: 111), dass die Verantwortlichen in den Betrieben die Ursachen für die Stressoren vor allem in der Persönlichkeit des Mitarbeiters sehen und daher die Umstrukturierung von Arbeitsabläufen häufig nicht gern gesehen wird. Gründe dafür sind, dass individuelle Maßnahmen kurzfristig preiswerter sind, da Veränderungen von Arbeitsgestaltungen langfristiger angelegt sind und es schwieriger ist, sie angemessen zu begleiten und zu evaluieren, als die in der innerbetrieblichen Kommunikationsstruktur angelegten individuumsbezogenen Interventionen (Bamberg et al. 2003: 111).

Selbstwirksamkeit und Achtsamkeit können besonders hilfreich sein, wenn Menschen mit Belastungen und Herausforderungen konfrontiert sind. Deshalb sollten diese beiden Konzepte künftig stärker in den Fokus der Gesundheitsförderung gerückt werden.

Zu diesem Zweck sollte es in einem ersten Schritt Fortbildungsmaßnahmen für Praktiker geben, damit sie die Konzepte selbst besser kennen lernen und sie in die Arbeit mit ihren Klienten einbringen können.

Hinzukommen sollte die stärkere Einbeziehung von Fachkräften und Praktikern, die sich seit längerem mit der Förderung von Achtsamkeit aus den unterschiedlichsten Perspektiven beschäftigen im Rahmen des betrieblichen Stressmanagments.

Ein modernes Gesundheitsmanagement berücksichtigt die im Unternehmen arbeitenden Menschen ebenso wie die wirtschaftlichen Unternehmensfunktionen. Das bedeutet neben der Zielsetzung eines wirtschaftlichen Gewinns auch, die Gesundheit der Mitarbeiter als gleichrangiges Ziel zu realisieren. Beides schließt sich nicht aus – im Gegenteil sind wirtschaftliche „Gewinne“ durch gesunde Arbeitsbedingungen oder innovativen Beiträge zur individuellen Entwicklung der Menschen in Unternehmen möglich und letztlich auch nachhaltiger als die kurzfristige Gewinnmaximierung (Galuska 2010).

Das Thema Achtsamkeit und Gesundheit ist in den letzten Jahren zunehmend in den Fokus des wissenschaftlichen und öffentlichen Interesses gekommen. In der Tat zeigen neuere, faszinierende Erkenntnisse der Hirnforschung wie auch der Psychoneuroimmunologie und der Psychosomatik auf, wie intensiv der Zusammenhang zwischen Körper und Geist eigentlich ist.

Dennoch werden diese Erkenntnisse von vielen am „Mainstream" orientierten Grundlagenforschern allzu kritisch hinterfragt und können zudem mangels akzeptierter wissenschaftlicher Modelle der „Evidenz" von Klinikern nicht oder nur zögerlich in die Praxis umgesetzt werden.

Man kommt zu dem Ergebnis, dass Aspekte von Achtsamkeit in unserem Gesundheitssystem zukünftig eine bedeutendere Rolle spielen werden und dass die Forschung darüber zunimmt. Die Fähigkeit, Stress in einer sich ständig wandelnden Gesellschaft zu bewältigen, ist eine wichtige Voraussetzung zur Erhaltung von Gesundheit und Wohlbefinden (Badura et al. 2011). In einer immer stärker auf Innovation und Globalisierung ausgerichteten Wirtschaft, ist die Entwicklung einer Kultur der Achtsamkeit für eine mitarbeitergerechte Unternehmungsführung nicht mehr wegzudenken.

Literaturverzeichnis

Antonovsky, Aaron (1997);

Salutogenese/zur Entmystifizierung der Gesundheit; Hrsg. Deutsche Gesellschaft für Verhaltenstherapie/Thübingen/Forum für Verhaltenstherapie und psychosoziale Praxis, Bd. 36; Dt. Übersetzung Alexa Franke & Nicola Schulte, Ggvt-Verlag Tübingen

Analayo, Bhikku (2007);

Sati in den Pali Lehrreden; Original erschienen 2006 unter dem Titel *"Mindfulness in the Pali Nikayas" in Buddhist Thought and Applied Psychological Research, K. Nauriyal*, London: Routledge Curzon, Seiten 229-249. Veröffentlichung mit freundlicher Genehmigung des Routledge Curzon Verlages. Übersetzt von Manfred Wiesberger (Viriya), überarbeitet von Bhikkhu Analayo.

Anderssen-Reuster, Ulrike (2009);

Achtsamkeit in Psychotherapie und Psychosomatik/Haltung und Methode; Schattauer Verlag Stuttgart

Aust, Birgit (1999);

Gesundheitsförderung in der Arbeitswelt; Lit-Verlag: Münster

Badura, Bernhard/Steinke, Mika (2011);

Die erschöpfte Arbeitswelt – Durch eien Kultur der Achtsamkeit zu mehr Energie, Kreativität, Wohlbefinden und Erfolg; Bertelsman-Stiftung: Gütersloh

Batra, Anil/Günthner, Arthur (2012);

Stressmanagement als Burn-out-Prophylaxe; Bundesgesundheitsblatt; S. 183-189; Springer Verlag: Berlin

Bamberg, Eva/ Christine Busch/ Anje Ducki (2003);

Stress- und Ressourcenmanagement/ Strategien und Methoden für die neue Arbeitswelt/Hans Huber Verlag: Bern

BAuA, (2002);

Psychische Belastung und Beanspruchung im Berufsleben/Gesundheitsschutz 23 Hrsg. Bundesanstalt für Arbeitsschutz und Arbeitsmedizin; Dortmund-Dorstfeld

Berking, Mathias/ Znoj, Hans-Jörg (2006);

Achtsamkeit und Emotionsregulation – When East Meets West: in *Psychotherapie im Dialog* Nr.3/Sepember 2006/7.Jahrgang/Schwerpunkt-Achtsamkeit und Akzeptanz: 307-309/Thieme Verlag: Stuttgart

Belschner, Wilfried/Büssing, Arndt/Piron, Harald/ Wienand-Kranz, Dorothee (2007);

Achtsamkeit als Lebensform; in Psychologie des Bewusstseins Bd.6; Lit Verlag: Hamburg

Beresford, Carola (2001);

Shiatsu Grundlagen und Praxis; Urban & Fischer Verlag: München

Bergomi, Claudia (2007);

Achtsamkeit, buddhistische Meditation und psychische Gesundheit/Lizenziatsarbeit am Institut für Psychologie Universität Bern

BGW-Stresskonzept, (2012);

Berufsgenossenschaft für Gesundheitsdienst und Wohlfahrtspflege (HrsG); Das arbeitspsychologische Stressmodell Erstveröffentlichung 06/2006: Hamburg

BKK, (2/2002);

Bundesverband der Betriebskrankenkassen/ Psychische Belastungen am Arbeitsplatz sind leicht zu ermitteln/ Heiko Friedel und Barbara Orfeld/ Essen

Braun, Martin (2004);

Unternehmensstrategie Gesundheit/Konzepte für einen zeitgemäßen Arbeitsschutz/Expert Verlag: Renningen

BZgA, (2001),

Was erhält Menschen gesund?/Antonovskys Modell der Salutogenese-Diskussionsstand und Stellenwert; Bundeszentrale für gesundheitliche Aufklärung, Forschung und Praxis der Gesundheitsförderung/Band 6: Köln

BZgA, (2012);

Rolle der Selbstwirksamkeit und Achtsamkeit bei der Gesundheitsförderung von sozial benachteiligten Menschen – eine Projektdokumentation/Bundeszentrale für gesundheitliche Aufklärung/Band 39: Köln; Gabriele E. Dlugosch und Christina Dahl

Buber, Martin (1997);

Ich und Du; Lambert Schneider Verlag: Heidelberg

Downing, Georg (1996);

Körper und Wort in der Psychotherapie, Kösel Verlag: München

Franck, Georg (1998);

Ökonomie der Aufmerksamkeit/Carl Hanser Verlag: München

Galuska, Joachim (2010);

Die Kunst des Wirtschaftens; J. Kamphausen Verlag: Bielefeld

Gendlin, Eugine T. (2002);

Focusing-Selbsthilfe bei der Lösung persönlicher Probleme; Rowohlt Taschenbuchverlag: Reinbek bei Hamburg

Glatzer, Sylvia (1997);

Shiatsu im Alltag, In: Zeitschrift DAO 4: Hamburg

Goleman, Daniel (2002);

Emotionale Intelligenz/aus dem Englischen von Friedrich Griese, 15. Auflage; Deutscher Taschenbuch Verlag (dtv): München

GSD – Gesellschaft für Shiatsu in Deutschland/

Shiatsu im Anwendungsfeld Gesundheitsförderung; www.shiatsu-gsd.de

Grossmann, P./ Niemann, L./ Schmidt, S./ Walach, H. (2006);

Ergebnisse einer Metaanalyse zur Achtsamkeit als klinischer Intervention. In Heidenreich, T. & Michalek, J. (Hrsg.), Achtsamkeit und Akzeptanz in der Psychotherapie. Ein Handbuch/Tübingen; dgvt-Verlag: Tübingen

Harrer, Michael E.; Stärkung der inneren Achtsamkeit; www.achtsamleben.at/downloads/Staerkung_Achtsamkeit.pdf- Zugriff 4. 9. 2013

Heidenreich, Thomas/Michalek, Johannes/Meibert, Petra (2006);

Stressbewältigung durch Achtsamkeit-Mindfulness-Based Stress Reduction (MBSR): in *Psychotherapie im Dialog* Nr.3/Sepember 2006/7.Jahrgang/Schwerpunkt-Achtsamkeit und Akzeptanz: S. 273-279/Thieme Verlag: Stuttgart

Heidenreich, Thomas/Michalek, Johannes/Junghanns-Royack, Katrin (2006); Achtsamkeit und Akzeptanz in der kognitiven Verhaltenstherapie: in *Psychotherapie im Dialog* Nr.3/Sepember 2006/7.Jahrgang/Schwerpunkt-Achtsamkeit und Akzeptanz: S. 252-257/Thieme Verlag: Stuttgart

Hüther, Gerald (2011);

Biologie der Angst: Wie aus Stress Gefühle werden (S. 28) von Vandenhoeck & Ruprecht Verlag: Göttingen

IKK, (2000);

Leitfaden Prävention/Gemeinsame und einheitliche Handlungsfelder und Kriterien der Spitzenverbände der Krankenkassen zur Umsetzung von §§ 20 und 20a SGB V /IKK-Bundesverband, Bergisch Gladbach

Itin, Peter (2009);

Inanspruchnahme und Wirkungen von Shiatsu als Therapie – Daten und Fakten; Shiatsu Gesellschaft Schweiz; www.shiatsuverband.ch

Kaluza, Gert (2012);

Gelassen und sicher im Stress, Springer Verlag: Berlin Heidelberg

Karasek, Robert/Theorell, Töres (1990);

Health Work/Stress, Productivity, and the Reconstruction of working life/Printed in the United States of America

Khema, Ayya (1994);

Meditation ohne Geheimnis; Theseus Verlag Zürich

Kornfield, Jack/Goldstein, Joseph (1996);

Einsicht durch Meditation/Die Achtsamkeit des Herzens – Buddhistische Einsichts-Meditation für westliche Menschen; Scherz Verlag: Bern

Kohls, Niko (2013);

Gesundheitsaspekte einer neuen Bewusstseinskultur/in Bewusstseinswissenschaften – Transpersonale Psychologie und Psychotherapie, unabhängige Fachzeitschrift S. 30-36; 19. Jahrgang, Heft 1: Petersberg

Kohls, Niko (2013);

Achtsamkeit – eine ganzheitliche Ressource für das private und berufliche Leben/ Vortrag Akademie Heiligenfeld/Bad Kissingen/DVD/Audiotorium Netzwerk

Klingen, Nathali (2010);

Ihr Leben ist wichtiger als ihre Angst /ACT-Akzeptanz- und Comitmenttherapie/In: daz Nr. 49, I/2010/Schwerpunkt: Psychotherapie und Praxis

Lazerus, Folkmann (1984);

Stress, Appraisal, and Coping/Englisch/Taschenbuch
Springer Publishing Company New York 1984;

Lenzeder, Gisela (2009);

Achtsamkeit und ihre Bedeutung für das Wohlbefinden; Diplomarbeit zur Erlangung des Magistergrades an der Naturwissenschaftlichen Fakultät der Universität Salzburg; Grin Verlag: München

Lemmer, Jörg (2007);

Flow-Erleben und Achtsamkeit. Neue Paradigmen der psychomotorischen Gesundheitsförderung/www.uni-harburg.de/fb21/motologie/Achtsamkeit_und_Flow.pdf

Lorenz, Rüdiger (2005);

Salutogenese/ Grundwissen für Psychologen, Mediziner, Gesundheits- und Pflegewissenschaftler; Ernst Reinhardt Verlag: München Basel.

Lundberg, Paul (1992);

Die heilende Kraft des Shiatsu – mehr Energie, Gesundheit und Wohlbefinden durch die Kunst des Berührens; Mosaik Verlag: München

Lundberg, Paul (2013);

Kyo und Jitsu und die Wurzeln im Daoyin; http://www.zen-shiatsu-schule.de/von-yin-zu-yang-zu-kyo-und-jitsu; Zugriff 3. Nov. 2013

Masunaga, Shizuto (1999);

Meridian-Dehnübungen; Felicitas Hübner Verlag: Waldeck

Müller, Cornelia (2004);

Achtsamkeit – eine Kompetenz und ihre Bedeutung in der professionellen Sozialarbeit am Beispiel der Beratung/Vordiplom am Fachbereich Sozialwesen der Fachhochschule Fulda

Nyanaponika (2007);

Geistestraining durch Achtsamkeit/Die buddhistische Satipatthana-Methode 9. Auflage; Verlag Beyerlein & Steinschulte: Stammbach

Ott, Ullrich (2009);

Achtsamkeit verändert das Gehirn/ http://www.stern.de/wissen/mensch/meditationsforscher-achtsamkeit-veraendert-das-gehirn-662478.html

Oppolzer, Alfred (2010),

Gesundheitsmanagement im Betrieb, Verlag Hamburg

Oppolzer, Alfred (2009);

Psychische Belastungsrisiken aus Sicht der Arbeitswissenschaft und Ansätze für die Prävention; Aus: Fehlzeitenreport, Arbeit und Psyche, (Hrsg. Badura.B. et al.) Springer-Verlag: Berlin, S. 13-22

Oppolzer, Alfred (2011);

Soziologie der Arbeitswelt 2/ Skript zum Kurs Soziologie/Sommersemester 2011 Universität Hamburg – Fakultät Wirtschafts- und Sozialwissenschaften – Fachbereich Sozialökonomie

Rappenecker, Wilfried (1990);

YuSen – Sprudelnder Quell/Shiatsu für Anfänger; SSG Verlag, Waldeck

Rappenecker, Wilfried (1996),

Fünf Elemente und Zwölf Meridiane/Ein Handbuch für Shiatsu, Akupunktur und Körperarbeit; Felicitas Hübner Verlag: Waldeck

Röder, Bettina (2009);

Die Selbstwirksamkeitstheorie von Bandura/Dissertation Dr.phil./Selbstwirksamkeitsförderung durch Motivierung von Schülern S.13-29); Fachbereich Erziehungswissenschaft und Psychologie der Freien Universität Berlin

Safran, Jeremy D. (2006);

Achtsamkeit und interaktionelle Ablaufmuster in der Psychoanalyse: in *Psychotherapie im Dialog* Nr.3/Sepember 2006/7.Jahrgang/Schwerpunkt-Achtsamkeit und Akzeptanz: 244-251/Thieme Verlag: Essen

Sauer, Sebastian (2009);

Wirkfaktoren von Achtsamkeit: Wirkt Achtsamkeit durch Verringerung der affektiven Reaktivität? Vom Promotionsausschuss des Fachbereichs Psychologie der Universität Koblenz-Landau zur Verleihung des akademischen Grades Doktor der Philosophie (Dr. phil.) Dissertation.

Schrievers, Joachim (2004);

Durch Berührung wachsen/ Shiatsu und Qigong als Tor zu energetischer Körperarbeit; Verlag Hans Huber: Bern

Schneider, Anne-Katrin (2003);

Tiefe Berührung – Das fernöstliche Shiatsu bietet Streicheleinheiten für Körper und Seele/ http://www.zeit.de/wohlfuehlen/Shiatsu/

Segal v, Zindel/Williams, J.Mark G./Teasdale, John D. (2008);

Die Achtsamkeitsbasierte Kognitive Therapie der Depression: Ein neuer Ansatz zur Rückfallprävention; Dgvt-Verlag: Tübingen

Selye, Hans (1988);

Stress/Bewältigung und Lebensgewinn/Piper Verlag: München Zürich

Sole´-Leris, Amadeo (1994);

Die Meditation, die der Buddha selber lehrte/Wie man Ruhe und Klarheit gewinnen kann; Aus dem Englischen von Bernardin Schellenberger/ Herder Verlag/Band 4316: Herder, Freiburg, Basel, Wien

Sonntag, Reiner F. (2006);

Wertorientierte Verhaltenstherapie-Akzeptanz- und Committment-Therapie in der psychiatrischen Praxis: in *Psychotherapie im Dialog* Nr.3/Sepember 2006/7.Jahrgang/Schwerpunkt-Achtsamkeit und Akzeptanz: 302-306/Thieme Verlag: Tübingen

Siegrist, Johannes/Dragano, Nico (2008);

Psychosoziale Belastungen und Erkrankungsrisiken im Erwerbsleben. Befunde aus internationalen Studien zum Anforderungs - Kontroll- Modell und zum Modell beruflicher Gratifikationskrisen/S. 305-312/Bundesgesundheitsblatt - Gesundheitsforschung Gesundheitsschutz 51/Leitthema: Arbeit und Gesundheit/Heinrich Heine Universität Düsseldorf/Springer Verlag: Berlin

Siegrist, Johannes (2010);

Stresstheorie: Das Anforderungs-Kontroll-Modell und das Modell beruflicher Gratifikationskrisen/ im Praxisbuch psychischer Belastungen im Beruf/ vorbeugen-erkennen-handeln/ Windemuth D.; Jung D.; Petermann O. (Hrsg.); Universum Verlag: Wiesbaden

Siegrist, Johannes (2012);

Burnout und Arbeitswelt/Vortrag am 24. April 2012 im Rahmen der Lindauer Psychotherapiewochen; www.Lptw.de Lindau

Stiglmayr, Christian E./Lammers, Claas-Hinrich/Bohus, Martin (2006);

Achtsamkeit und Akzeptanz in der Dialektisch-Behavioralen Therapie der Borderline-Persönlichkeitsstörung: in *Psychotherapie im Dialog* Nr.3/Sepember 2006/7.Jahrgang/ Schwerpunkt-Achtsamkeit und Akzeptanz: 280-285/Thieme Verlag: Essen

Stressreport Deutschland (2012);

Psychische Anforderungen, Ressourcen und Befinden, A. Lohmann-Haislah; Bundesanstalt für Arbeitsschutz und Arbeitsmedizin(baua): Dortmund, Berlin; Dresden

Ströhle, Gunnar (2006);

Empirische Erfassung der Achtsamkeit: Ein Vergleich der deutschsprachigen Achtsamkeitsskalen; Magisterarbeit Friedrich-Schiller-Universität Jena – Institut für Psychologie/Verfügbar unter: http://psydok.sulb.uni-saarland.de/volltexte/2006/863/

Tolle, Eckhart (2007);

Jetzt! – Die Kraft der Gegenwart/ein Leitfaden zum spirituellen Erwachen, aus dem amerikanischen übersetzt von Christine Bolam und Marianne Nentwig; J. Kamphausen Verlag: Bielefeld

Walach, Harald/ Buchheld, Nina/ Buttenmüller, Valentin/Kleinknecht, Normann/ Grossmann Paul & Stefan Schmidt (2006);

Empirische Erfassung der Achtsamkeit – Die Konstruktion des Freiburger Fragebogens zur Achtsamkeit (FFA) und weitere Validierungsstudien, In Heidenreich, T. & Michalak, J. (2004). *Achtsamkeit und Akzeptanz in der Psychotherapie. Ein Handbuch/* dgvt-Verlag: Tübingen

Wallace, Alan (2012);

Die befreiende Kraft der Aufmerksamkeit/Ein Training; edition steinreich Verlag: Berlin

Weber, Akincano M. (2010);

Achtsamkeit – ein Begriff zwischen den Welten/in Bewusstseinswissenschaften – Transpersonale Psychologie und Psychotherapie, unabhängige Fachzeitschrift S. 61-73; 2010 Heft 1; Vianova Verlag: Petersberg

Weiss, Halko/Harrer, Michael/Dietz, Thomas (2010);

Das Achtsamkeitsbuch, Klett-Cotta-Verlag: Stuttgart

Weiss, Halko/ Benz, Dyrian (1987);

Auf den Körper Hören; Hakomi-Psychotherapie; Kösel Verlag: München

WIFO, (2011);

Psychische Belastungen der Arbeit und ihre Folgen/Österreichisches Institut für Wirtschaftsforschung-Endbericht im Auftrag der AK Wien /Gudrun Biffl (Projektleitung); Krems/Wien September 2011/Donau Universität Krems

Wiltschko, Johannes (1995);

„Mein augenblickliches Credo“ der Focusing-Therapie; In: Focusing Bibliothek/Studientexte Heft 4; Deutsches Ausbildungsinstitut für Focusing und Focusing-Therapie (Hrsg.): Würzburg

Wiltschko, Johannes (1996);

Von der Sprache zum Körper; In: Focusing Bibliothek-Band 2,Deutsches Ausbildungsinstitut für Focusing und Focusing-Therapie (Hrsg.): Würzburg

Wiltschko, Johannes (2001);

Der Drehspieß/ Über zwei Formen des achtsamen seins; In: Focusing Journal, Juni Nr. 6; Deutsches Ausbildungsinstitut für Focusing und Focusing-Therapie (Hrsg.) : Würzburg

Wiltschko, Johannes (2011);

Ich spüre also bin ich- Nicht-Wissen als Quelle von Veränderung; Focusing als Basis einer Metapsychotherapie/Bd. II; Edition Octapus : Münster

Printed by Books on Demand GmbH, Norderstedt / Germany